U0840975

把世界装进瓶子

可口可乐百年传奇

[美]弗雷德里克·艾伦 / 著
周夏梦 / 译

中华工商联合出版社

图书在版编目（CIP）数据

把世界装进瓶子：可口可乐百年传奇 /（美）弗雷德里克·艾伦著；周夏梦译. -- 北京：中华工商联合出版社，2018.10

书名原文：Secret Formula

ISBN 978－7－5158－2417－8

Ⅰ. ①把… Ⅱ. ①弗…②周… Ⅲ. ①可口可乐公司-企业管理-经验 Ⅳ. ①F471.268

中国版本图书馆 CIP 数据核字（2018）第 225894 号

北京市版权局著作权合同登记号：图字 01-2018-6191 号

把世界装进瓶子：可口可乐百年传奇

作　　者：【美】弗雷德里克·艾伦
译　　者：周夏梦
责任编辑：吕　莺　董　婧
封面设计：张　涛
责任审读：李　征
责任印制：迈致红
出版发行：中华工商联合出版社有限责任公司
印　　刷：北京毅峰迅捷印刷有限公司
版　　次：2019 年 3 月第 1 版
印　　次：2019 年 3 月第 1 次印刷
开　　本：710mm×1000mm　1/16
字　　数：315 千字
印　　张：17.5
书　　号：ISBN 978－7－5158－2417－8
定　　价：88.00 元（精装）

服务热线：010－58301130
销售热线：010－58302813
地址邮编：北京市西城区西环广场 A 座 19－20 层，100044
http：//www.chgslcbs.cn
E-mail：cicap1202@ sina.com（营销中心）
E-mail：gslzbs@ sina.com（总编室）

目录

前 言

红色恐惧

可口可乐公司的传奇人物之一、“说客”普林斯·亚历山大·梅津斯基，在巴黎的工作节节败退。

1950年冬天，法国政府发出严肃警告：禁止非法销售这款在美国销量领先的汽水。

若是平时，此类的政府最后通牒会让他乐意挑战，但是这次情况却不同。虽然产品本身没有问题，但此时，公司在整个法国的年销售量仅有几百箱。多数法国人习惯了茴香酒、浓咖啡和吉坦香烟，却没有品尝过可口可乐。

事实上，可口可乐的概念是引发这次麻烦的根源。由于广为流传的红色标志和标准的美国形象，可口可乐变成众矢之的，承受了全欧洲尤其是法国对美国的排斥和愤怒。梅津斯基担心的是，认为可口可乐会产生威胁的“不仅仅是我们的竞争者，还有绝大多数不想被‘美国化’的法国公民，他们认为可口可乐的广告就代表着‘欧洲美国化’的可能前景”。

1950年2月初，法国政府有五个部门在分别调查可口可乐。随着事件的升级，法国海关当局撤销了美国可口可乐公司的进口许可证，另外法国警方指控可口可乐在巴黎和阿尔及尔的装瓶工犯有欺诈罪行。最不祥的是，秘密警察开始尾随梅津斯基和他的得力助手。法国内政部的调查员为此专门汇编档案，而且有证据表明有人监听可口可乐办公室电话、窃取公文邮件。更有甚者，公司一位巴黎律师皮埃尔·纪德在给公司打电话时，因恐惧开始使用化名。平时总是乐观的梅津斯基提醒可口可乐公司高层，危机已迫在眉睫，公司很可能在“法国之战”中失利。

1950年2月10日的下午，身在美国亚特兰大的波普·布洛克思考着从国外传来的最新坏消息。

作为可口可乐的总顾问，布洛克已经六十一岁，头发花白。他担负着沉重的职责，考虑着公司下一步该怎么走。法国的失利让他深知，公司想称霸全球的野心可能无法实现。虽然在“二战”后的数年里，可口可乐已将业务拓展至76个国家，但在过去的一年中，公司2.3亿美元的销售额中只有不到四分之一来自美国以外的国家，外汇利润仅300万美元。可口可乐公司面临着各地饮料生产商的激烈抵抗，似乎每个地区都有势力强大的本土饮料公司，这些公司的老板不仅有钱，还有良好的政治关系，经常在法院和监管部门给可口可乐添乱。如果法国的特权阶级成功地孤立、驱逐可口可乐，就相当于推倒了第一块多米诺骨牌，整个欧洲市场都可能失守。

法国迫在眉睫的灾难让可口可乐负责出口业务的高层感到恐慌，更让布洛克愤慨的是，他们发布简报宣称“危机已至”，警告如果继续行动可能会铸成弥天大错。

布洛克可以料想到法国的局势十分严峻，但现在应该做的不是恐慌或自我保护，而是拿出魄力和决策。

布洛克的好战气质被眼下的局势激了起来。他决定摆脱防守状态，增加赌注，结束法国的“胶着”局面，无论输赢。

布洛克打电话召集可口可乐在纽约和巴黎的工作人员。他对负责出口的两个高级官员柯蒂斯和罗伊·琼斯发表了一番长篇大论，督促他们认识到竭尽全力赢得“法国之战”的巨大意义。布洛克提醒他们，在“战争”中，唯一应该做的就是把所有的力量和精力投入进来。

除了强硬的说辞，布洛克还有新策略。他下令让出生于希腊、毕业于哈佛大学、在纽约出口部门工作的律师史蒂夫·拉达，飞往巴黎增援。布洛克给拉达明确的书面指示：不管花费多大代价，都要争取尽可能多的“援兵”来扭转局势。拉达用了一个星期规划这次征程并选择游说的目标。

“也许我们应该雇用更多有影响力的科学家、律师和政治领袖。”布洛克给拉达写信道。“这不是无关紧要的游戏，”布洛克警告说，“这是欧洲决定性的斗争。”

乍一看，派史蒂夫·拉达到法国是一个很奇怪的选择：拉达是个害羞的人，有些书呆子气甚至是天真，而且他的专长是国际商标法。布洛克告诉拉达，之所以选他是因为他其实很聪明，可以见机行事。但真实的原因更有可能是，涉及到公司资金的使用，拉达是布洛克在出口部门唯一一个信得过的人。

拉达在 1950 年 2 月 20 日早上到达巴黎。此时梅津斯基在阿尔及尔处理可口可乐装瓶员欺诈案件，正请求延迟审判，拉达只有自己一人战斗。

他的第一个任务是会见其他的饮料行业领导人。在美国和其他地方的经验表明，可口可乐并没有影响他种饮料的销售，尤其是酒的销售。有些法国人认为6盎司8美分的美国汽水会让法国人远离自己心爱的每升15美分的红葡萄酒，这种想法太荒谬了。但种种解释并无济于事，所以可口可乐虽想与法国人做交易，但却遭到饮料商们的一致拒绝。

拉达穿梭于巴黎，约见律师、科学家、官僚和政客，反复询问同一个问题：可口可乐公司没有什么能做的吗？哪怕一点点？结果答案只有一个——无奈地耸肩。

时间一天天过去，拉达的意志开始逐渐消沉，绝望感涌了上来。他的任务是用钱帮助可口可乐公司处理危机，但正如他在写给布洛克的信中所说："钱在此处几乎没有用武之地。"

1950年2月23日，拉达拜访了美国大使馆。

美国大使大卫·布鲁斯在办公室里会见了达拉。拉达拿出一封信，指控法国"精神上的迫害、歧视和错误的信仰"，并寻求美国政府的帮助。拉达提醒布鲁斯，此前大使馆已经多次代表可口可乐公司进行调解。

事实上就在两个月前，布鲁斯已经阻止了一项"反可口可乐"的法案，该法案未能在国民议会上通过。

眼下拉达再次向大使馆求助，但这一次事情并不那么简单。不仅是政治问题和经济问题同时爆发，可口可乐还陷入了法律上的麻烦。

自从1886年可口可乐诞生以来，可口可乐就因其一些成分而饱受攻击，其中包括在世纪之交终于提取出的微量可卡因，以及引发美国食品药品管理局局长与可口可乐一直对抗到美国最高法院的咖啡因。在战后欧洲，一些声望极高的科学家坚信可口可乐有毒，会令人上瘾，甚至可能含有春药。当他们的怀疑都无法得到证明时，他们便把争论转向磷酸的技术问题。

磷酸在可口可乐著名的秘密配方中被称为“商品4号”，是一种无色透明液体，只需少量即可起到保存和调味作用。通俗地说，就是它把可口可乐变成人们熟悉的味道。不幸的是，大多数欧洲国家的卫生法律严格限制或坚决禁止在饮料中添加矿物酸，虽然并没有证据表明汽水中含有微量磷酸是有害的，法律也并非专门针对可口可乐——这些法律颁布于二十世纪初。尽管如此，这些法律仍然为可口可乐的“敌人”提供了便捷而强大的武器。

在不同的国家，可口可乐公司运用不同的策略来处理磷酸问题。在比利时，可口可乐公司聘请了几位著名科学家，并赢得了美国大使罗伯特·墨菲的全力支持，通过修改法律摆脱了困境。在瑞士，由于政府愿意寻找其他途径解决问题，于是可口可乐的药剂师发明了一种所谓的“瑞士配方”。但不幸的是，这两种方法都不适用于法国。

到目前为止，可口可乐公司在法国仅依靠简单的权宜之计防守，但形势变得越来越危急。公司在巴黎和阿尔及尔的装瓶员面临欺诈的刑事指控，他们很有可能因此被定罪并入狱。

拉达希望大使馆介入，阻止起诉。拉达试图让布鲁斯给法国总理施加压力，让总理出面解决争端，但布鲁斯拒绝了。当时大使馆正与法国政府就“北约”、马歇尔计划等问题进行紧张而艰难的谈判，因此布鲁斯明确表示，解决可口可乐公司的麻烦不在他的优先考虑之中。

“布鲁斯那一套完全是外交辞令，”拉达向布洛克抱怨道，“他根本不会主动帮助我们。公司只能靠自己了。”

当梅津斯基周末从阿尔及尔回来时，感觉拉达几近绝望。“一切都摇摇欲坠、不堪一击，”拉达说，“你根本不知道该从哪里开始，去做什么。”

梅津斯基很快发现情况比拉达说的更糟。当拉达穿梭于巴黎、尽力与各方交易时，反对可口可乐的势力很快让禁止销售的议案重新回到了国会议程中。达拉和梅津斯基尽全力试图让议案延期，但未能成功。法国政府也无意干涉此事，他们希望以此展示政治独立，摆脱“亲美”的名声。最终，该议案——鲍莱特法案以压倒性优势获得通过。

接下来发生的事情完全出乎公司意料——美国人民伸出了援手。

鲍莱特法案的通过，让一部分美国人开始意识到可口可乐在海外发展的困难。法案通过的第二天早上，来自巴黎的消息迅速出现在《纽约时报》的头版和其他数百家美国报纸上以及电台广播里。1950 年 3 月 1 日，可口可乐成为美国最热门的话题。许多美国人想到报复法国产品。百老汇表演者比利 · 罗斯宣布他的夜总会将暂停销售法国香槟，他在自己的专栏文章中解释了这一决定：

我经过深思熟虑得出结论：法国人之所以拒绝可口可乐，是因为不喜欢它所来自的国家。所以，在针对我国产品的愚蠢禁令解除之前，我绝不会出售法国香槟！

罗斯的文章刊登在417家不同的报纸上，短短几天内，法国酒的销量开始下降。

事态由此迅速转变。3月14日，鲍莱特法案通过仅仅两周后，法国驻华盛顿大使馆发布了一份新闻稿，抗议美国媒体支持下的“反法运动”。声明称，法国并没有针对可口可乐发布实际禁令，因此美国人抵制法国产品是不公平的。

两天后，法国大使亨利·博内在驻华盛顿大使馆的办公室接待了出口部门的法利和柯蒂斯。法国人语气大变，现在是他们想知道可以做些什么来让事情变得更好。慎重考虑后，出口部门的人要求法国政府做出小但重要的让步：恢复公司的进出口许可证。当时，可口可乐的进口许可证仍然被吊销，本地生产无法满足需求。除非法国海关撤销决定，否则可口可乐被迫停止销售不过是时间问题。法利和柯蒂斯要求立即恢复可口可乐的进出口许可，然后再谈缓解反法情绪的问题。博内同意了。

法国事件的教训让可口可乐公司多年来记忆深刻。公司华盛顿的高层本·奥勒特把当时的剪报放进了三卷红皮书《法国问题，传阅》中，不时拿出来翻阅。

一个企业如果忘记历史，就注定会重蹈覆辙。1985年4月

23日，罗伯特·伍德拉夫逝世后六个星期，公司的高级官员在纽约举行盛大的新闻发布会，宣布他们准备改变可口可乐的配方。

可口可乐神圣化的秘密配方曾有过十多次改变，其中许多次意义非凡。对此，公司始终守口如瓶，小心翼翼地保护着配方的神秘感。留存至今的唯一的原始配方的副本，被锁在乔治亚州一个信托公司的金库里，除非经公司董事会正式投票通过，否则任何人不得以任何理由取出，这已成为民间传说的一部分。可口可乐的概念已经远远超出其产品本身，成为一种独立的存在。事实上，可口可乐真正的秘密配方是：将一瓶糖水变成了一个国家标志。

1985年的可口可乐改变配方，让民众反对新可口可乐的强烈程度迅速超过35年前的“反法运动”。考虑到多达5%的铁杆消费者可能反对“新可乐”，可口可乐管理部门在已有的7条长途电话线路的基础上新加了10条线路。很快，接线员每天要接听超过1000个电话，接着这个数字飙升到5000个电话，甚至8000个电话，几乎所有打进来电话的人都带着满腔怒火。公司安排158名接线员，用了83条线路，总计接听了40万个电话。美国公众拒绝接受可口可乐的任何改变，即使这样的改变是一种进步。

在新可乐隆重推出11周后，公司又恢复了经典版可口可乐，心怀感激的民众回报给公司的是销量激增，而这种增长势头一直保持到20世纪90年代。

从某种意义上说，可口可乐已经向自己投降了。公司用可口可乐的现实对抗民众对它的想象，而想象赢了。

这正是一个世纪之前可口可乐公司刚成立时的情形。

第一章

初期萌芽

可口可乐是由两个人共同发明的，而这两个人之间没有更多的相同之处。

约翰·斯蒂斯·彭伯顿有着蓬松飘逸的黑胡须和漆黑如墨的眼睛，在内战之后，他常年活跃在亚特兰大的街道上。作为曾经的南部联邦的老兵和战争英雄，彭伯顿还是一位药剂师，对专利药品领域多有涉猎。1886 年春天，他酿造出第一批黑色的糖浆，在城市的冷饮店里与苏打水一起出售，历史上最成功的汽水诞生了。当然，这种糖浆还不是可口可乐，直到另一个人为它命名。

弗兰克·梅森·罗宾逊是一个北方人，一位联邦军队老兵。他站着勉强有五英尺高，长着一对招风耳，眼神忧郁，胡子耷拉，是个很不起眼的人。罗宾逊于 1885 年 12 月来到亚特兰大，与彭伯顿建立了伙伴关系。彭伯顿研制的新糖浆的两种成分——古柯叶（coca leaf）和柯拉果（kola nut）——给了罗宾逊命名的灵感，为了保持一致，他把 kola 的 k 改成 c，再加一个连字符，然后用工整的斯宾塞字体手写出来，世界上最著名的商标——“可口可乐”就这样诞生了。

人们通常把彭伯顿当作“可口可乐之父”，但罗宾逊却是可口可乐的“概念之父”，罗宾逊在可口可乐早期极为艰难的生存境遇中一直坚守着合作信念，即使彭伯顿曾试图欺骗他，但他仍然对可口可乐不离不弃。

1850 年彭伯顿 19 岁，他花费 5 美元取得了临时医生执照，该执照由乔治亚州梅肯市的南部伯塔尼克医学院董事会颁发。

但彭伯顿并没有选择做一名医生，他在繁华的哥伦布市乔治亚河镇定居，并于1853年和一个名叫安·伊莱扎·克利福德·刘易斯的15岁女孩结婚。1855年，他开设了一家以药品为主的批发和零售商店。

彭伯顿在青年时期就已展示出过人的经商天赋。他可以娴熟地在密室混合药水，并梦想用他的发明创造出巨大的财富。他是个很讨人喜欢并且令人信服的人，他会使别人愿意在他身上下“赌注”。他曾设法说服他妻子和岳父科洛内尔·阿尔伯特·刘易斯，给他投了总计1万美元的巨款。彭伯顿从没有轻易放弃过他的创造野心。

彭伯顿的固执本性在内战期间得到了充分体现。他加入了南部同盟军并被任命为乔治亚州第三骑兵中校，但他几乎是一上任就辞职，因为他不喜欢被指挥。他组织了一个州民兵联盟，这样他就可以自己下命令。在哥伦布之战中他保卫了一座桥，在战斗中他受了刀伤和枪伤。

战后，他在哥伦布重启药品生意，继续他的实验。为了改进配方，他经常工作到深夜。那是专利药时代的鼎盛时期，彭伯顿不甘心销售别人的产品，急于销售自己创造的产品。

战后，南方佃农区急需各种补给。大多数人食不果腹，穷人仍然过着所谓的“三无生活”——无肉、无饭、无糖，造成普遍营养不良。在农村地区，无法排水的沼泽就像巨大的培养皿，让病菌蔓延。炎热而漫长的南方夏季让昆虫大量繁殖、食物严重变质，许多家庭甚至缺乏基本的卫生设施，如室外厕所。南部联邦的战士们带着心痛和疾病回来。总之，该地区的贫困和农村的孤立无援令人感到沮丧、厌倦、饱受折磨，许多南方人喜欢上了从酒精、鸦片酊或其他麻醉剂中寻找安慰。

无知和贫穷蹂躏着南方，给南方民众带来无尽的痛苦，但与此同时，市场上众多的药剂和秘方又不能不使那些怀有窃取之心的人既兴奋又嫉妒。彭伯顿想加入这一行动。但他缺乏资本，后来，他决定去亚特兰大寻找资本。

1870 年，彭伯顿和他的妻子还有十几岁的儿子查尔斯来到了亚特兰大，加入了重建这座城市的行列。

城市满是商业资源，而彭伯顿发现了最有价值的资源并开了自己的店。接下来几年，彭伯顿接连开了零售连锁店和药品批发站，同时与人开展了十多项合作，投资者投入数千美元支持他的新副业——研发并销售特许专卖药。彭伯顿稀奇古怪的发明包括印度女王染发剂、橘味杜松子酒等，他第一个取得经济上的成功的发明是名为“全球精粹止咳糖浆”的哮吼药。

在 1870 年代，彭伯顿收获卓越。他的实验室被当作乔治亚州的农药检测基地，他的一个员工成为乔治亚州第一化学家，而彭伯顿本人被任命为乔治亚洲药剂师考查和许可委员会特许成员。总之，彭伯顿成为一个在社会上受欢迎、受尊重的人物。

但他以前的合作伙伴们却发觉彭伯顿变成了一个不值得信任的人。一个名叫美林的人在 1876 年提起诉讼，声称自己向彭伯顿分别支付了 6000 美元以及 4000 美元的现金，还有两张 1000 美元的支票，以购买“全球精粹止咳糖浆”和“乌桕混合提取液”的专利权，但彭伯顿收了钱却没有提供配方和成分，反而又将专利权转售给其他人。还有一些其他诉讼也是类似的指控。

但彭伯顿在1879年依然发展得很好，他开始退出药品生意，全身心投入专利药品的生产。他的这个产品成为他最成功的产品。它拥有全新成分，药性显著，彭伯顿认为此药能带给人“智力提升的感觉，好像自己的身体拥有了前所未有的新力量的感觉”……而带来这种作用的是可卡因。

彭伯顿还发明了一种法式古柯葡萄酒。古柯葡萄酒的配方可以从法国药典等处找到，后来彭伯顿向记者承认，他“效仿了认可度最高的那种法国配方”。彭伯顿确实做出了轻微的调整——少量添加另一种流行的新药，即非洲柯拉果萃取物。

彭伯顿在亚特兰大市中心的南广街59号建立了他的新公司，雇用了一小批工人，开始批量生产法式古柯葡萄酒，并以每瓶1美元的价格出售。法式古柯葡萄酒的热销始于1884年底，据彭伯顿说：“在1885年夏天的一个难忘的周六，我卖出了888瓶。”后来经过多年的努力，彭伯顿在54岁的时候取得了更大的成功。

为了充分发挥“古柯葡萄酒”这种产品的价值，彭伯顿需要新的资本和合作伙伴。他首先要做的是寻找一个新的房东。埃德·霍兰，亚特兰大的一个银行家领袖的儿子，在出租玛丽埃塔街107号的家族老房子。这是一座两层楼的红砖房，离中心市区的东西走向的主街只有三条街的距离，顶楼可被当作寄宿公寓。

在1885年的最后几天，彭伯顿搬进了霍兰的房子。他将办公室、储物间和销售间设在面向大街的一楼，将生产间集中设在密室和地下室。他在楼层之间安装了漏斗，里面装满白色的查特胡奇河底的细沙，他用过滤法来过滤古柯葡萄酒，让它滴进下面的金属槽和沉降槽。地下室装有四十加仑的铜水壶，用来加热和混合其他药物。后院煤棚下有一台马修斯装瓶机（看起来像一个装在工作台里的小型维多利亚时代纪念碑）。

这是一个引人注目的独特公司，彭伯顿发现他不需要去寻找新的合伙人，因为合作者会主动来找他。

弗兰克·罗宾逊和大卫·多伊于1885年12月抵达亚特兰大，他们拖着彩色印刷机，寻找广告生意。

一位新闻记者带罗宾逊和多伊去见了彭伯顿，很快他们达成协议。彭伯顿负责生产专利药品，罗宾逊和多伊负责印刷广告及组织促销活动。这项合作意义重大，霍兰也被吸引加入其中，用房屋所有权换取了股份。1886年1月，彭伯顿化学公司成立了。

罗宾逊在这场冒险中赌上了他的一切。他与多伊平摊了印刷机的费用，还让他的兄弟查尔斯投资了6500美元，而他们的父亲后来又投资了500美元，他们的其他两个朋友也贡献了6000美元。

罗宾逊接受过会计训练，拥有会计的耐心，做事有条不紊，虽然看上去还不太像一个企业家。罗宾逊虽长得矮小但结实，举止安静礼貌，甚至时时显得羞怯。他的生活充满了冒险。罗宾逊在未成年时离家出走加入联邦军队，战后一路西行，在爱荷华州锡布利县建造了自己的第一座房子，还被选为县审计员。

如今，罗宾逊完全投入到亚特兰大的新业务。他不满足于印刷业务，而是作为学徒加入了彭伯顿的地下室实验室，学习如何制造药物。最重要的是，他鼓励彭伯顿试验一个新产品。

有一个常见的误解：可口可乐是从法式古柯葡萄酒演化而来。1885 年 11 月 25 日，禁酒令以微弱优势通过了亚特兰大的公民投票，并于 1886 年 7 月 1 日生效。一些历史学家推测，因为禁酒令彻底断送了彭伯顿成功的希望，他才不得不回到实验室，将酒精成分从法式古柯葡萄酒中移除，制造出一种不含酒精的替代品——可口可乐。这种推测符合逻辑，但并非事实。当地法律勒令关闭酒吧，但其他酒类在销售渠道中并未受影响。

事实上，可口可乐公司发展的动力是谋求更大的利益。到 1886 年夏季，亚特兰大有 5 个汽水喷射操作系统，而彭伯顿化学公司的负责人希望生产瓶装的饮料，售价在每瓶 75 美分或 1 美元。因为几乎每个人都买得起 5 美分一瓶的汽水，在热锅煎烤般的亚特兰大的夏天，所有人都是买汽水的潜在顾客。

彭伯顿在不停寻找新饮料的正确配方。水果口味的碳酸饮料在 19 世纪初已经风靡，1820 年版的《美国药典》中就收录了菝葜糖浆的制作方法。到了彭伯顿的时代，市场上出现了一些自主品牌，包括海尔斯沙士、克里科 · 克拉布的起泡苹果酒、怀特·罗克的姜汁麦芽酒和名叫摩西的波士顿风格的新酒。

但是并没有一种叫“可口可乐”的饮料。事实上，根本不存在“可乐”（cola）这种东西。在西非发现的锦葵科柯拉果树公认的名字是 kola。大约在同一时间，欧洲医生发现了古柯叶（coca）非凡的属性，他们还在无意中发现了柯拉果的种子，并且他们认为（或至少希望）他们发现了另一种神奇的药物。

柯拉果在 1881 年进入商业领域。伦敦著名的药剂师托马斯·克里斯蒂将样品寄给欧洲和美国的各大药房，试图招揽生意。“柯拉果”（人们普遍将其种子误认为果实）的支持者声称其药效比可卡因更显著。

然而问题是，柯拉果中有提神功效的成分正是咖啡因，它的作用仅仅相当于一杯茶，尽管与可卡因相差甚远。铁杆的“信徒”进行了狂热的推销和夸张的宣传，但它仍未能吸引大众。彭伯顿接触后灵感突现。在 1886 年的春天，他想到可以创造一种以柯拉果提取汁为主要原料的饮料，这种饮料理论上可以与茶和咖啡媲美。在炎热的南方，如果能用冷碳酸饮料代替传统热咖啡因饮料，就可能会大赚一笔。

彭伯顿进行了大量实验，他发现问题在于柯拉果的萃取液非常苦涩，即使微量也会明显影响口感。但怎样才能放入足够的柯拉果提取物、保证有效的咖啡因量的前提下调配出让人们接受的新饮料口味来呢？人们可以接受难喝的药物，甚至认为“良药苦口”，但饮料苦却不行。

最终，彭伯顿放弃了柯拉果萃取物，开始寻求其他方法。

他试图在实验中减少柯拉果提取汁的含量，只保留了一小滴，然后用合成咖啡因替代，没想到，这却使他在饮料研制上取得了新的突破。

合成咖啡因也是苦的，但不像柯拉果提取液那样让人无法忍受。彭伯顿发现可以用糖和其他成分掩盖咖啡因的味道，他开始改良配方，并让饮料变得好闻或者至少不难闻。此时，距离可口可乐的成功发明仅有一步之遥。

在霍兰的房子的地下室里，彭伯顿在四十加仑的水壶里装满了清水，然后在火中加热到沸腾。他用木桨搅拌着溶液，使糖和咖啡因溶化。接下来，他添加焦糖色素，使糖浆呈现出独特的葡萄酒般的黑色。为了平衡甜度，创造出“浓郁的口感”，他还添加了酸橙汁、柠檬酸和磷酸。

接下来，彭伯顿开始改良饮料的口味。他向饮料里添加了香草精，以及从各种水果、香料和树木中提炼出的刺激性的油，包括柠檬、肉豆蔻、山胡椒、香菜、橙花油，还有蒸馏橘子树的花提取的香料。他的配方中放入了桂皮油，即被称为“中国肉桂”的肉桂提取物。

当然，彭伯顿也添加了古柯叶提取液。一个多世纪后的今天，我们已经无法确切知道彭伯顿的第一批新饮料中有多少可卡因，但其中的咖啡因含量是今天的可口可乐的四倍，相当于一杯浓咖啡，这让彭伯顿的饮料具有相当的刺激性。

从 1886 年 4 月到 5 月初，彭伯顿派人带着他的混合饮料小样到冷饮店让顾客试喝。经过各种改进之后，罗宾逊用他冷冰冰的、平淡无奇的口气说："结果似乎是令人满意的。"

然而这款饮料还缺一个名字。彭伯顿化学公司的四个合伙人每人提出了一个名字，最终罗宾逊的名字得到采纳。1886年5月29日《亚特兰大日报》的专利药品版面上印着这样一段文字：

可口可乐。

美味！让人耳目一新！令人兴奋！充满力量！

冷饮店流行新趋势，富含神奇的古柯叶和大名鼎鼎的可乐果①。威利斯·维纳布尔和农纳利·罗森冷饮店有售。

这是可口可乐的第一则广告，也差点变成最后一则广告。

在可口可乐事业刚刚起步的时候，彭伯顿突然病倒了，彭伯顿化学公司陷入沉寂。而可口可乐经过销售势头良好的几周后，维纳布尔、农纳利·罗森以及其他冷饮店的销量不断下降，广告也突然消失了。整个夏天，可口可乐的销量只有2.5加仑，收益不到50美元。大卫·多伊放弃了，他退出了这场生意，带着他和罗宾逊的印刷机离开了。

但罗宾逊留了下来。他认为可口可乐是一个很好的产品，它的味道很诱人，它的刺激性可以帮助人改善情绪、增加能量，而且几乎对每个人都有效。它唯一的缺点是，更多的人们不知

① 可乐果原文为cola nut，此处译为可乐果，以区别前文中的柯拉果（kola nut）。（编者注）

道它是什么，甚至不知道它的存在。罗宾逊认为，人们之所以对可口可乐没有需求，是因为人们从来没有见过类似的东西，因此当务之急应是做广告。

罗宾逊开始重振可口可乐。他花了几个月的时间设计商标，精心绘制飘逸的书信字体，并将商标印在卡片上去分发。1887年春天，罗宾逊通过在亚特兰大分发“品尝券”，帮助可口可乐起死回生。一张“品尝券”可以免费换两杯可口可乐。罗宾逊查阅了城市居民通讯录，把“品尝券”寄给当地有名望的人。他还监督零售广告材料的生产，包括500个电车标牌、1600张海报、45块铁质招牌以及挂在冷饮店的广告画。一切在亚特兰大准备就绪后，1887年4月1日，彭伯顿化学公司与一个名叫伍尔福克·沃克的推销员签约，他的职责是前往南方各城市为公司签订订单。

到初夏，罗宾逊已经接到近一千加仑的可口可乐订单，这些订单来自亚特兰大、哥伦布、伯明翰、孟菲斯以及乔治亚州的几个小城市的药商和冷饮公司。新饮料看起来会成功。

1887年6月6日，在公司保持稳步发展之时，彭伯顿向美国专利局申请注册商标“可口可乐糖浆和精华”。商标在6月28日注册成功。但不同寻常的是，商标并不在彭伯顿化学公司的名下，而是在彭伯顿个人名下。

彭伯顿又生病了，他一如既往地需要钱。他想把可口可乐卖给冷饮店老板维纳布尔，但问题是维纳布尔刚刚在亚特兰大的西区买了房子，他眼下没有钱。

1887 年 7 月初，彭伯顿请老朋友乔治・朗兹、维纳布尔到自己家中，朗兹是一个投资者和专利药品推销员。那时的彭伯顿已卧床不起，彭伯顿聊了他的想法，三人迅速达成协议。朗兹投资，维纳布尔将成为可口可乐的工作伙伴，而朗兹和彭伯顿共同拥有三分之二的可口可乐所有权。作为交换，朗兹提供给彭伯顿 1200 美元免息贷款。1887 年 7 月 8 日，三人签署了一项合同，两个局外人拥有了可口可乐公司的控股权。

而彭伯顿化学公司的合伙人罗宾逊则被完全遗忘了。当罗宾逊得知此情况后，他觉得被人在背后捅了一刀。罗宾逊虽然性格温顺，但他有很强的是非感。他下定决心，要取回属于自己的股份。

彭伯顿签订协议后不久的一天，罗宾逊和埃德・霍兰——协议的另一个受害者，在亚特兰大市中心的富尔顿县法院附近偶然相遇了。那天是一个“打折日”，一些抵押财产正在法院前拍卖。自然有不少律师在探听行情，霍兰认出其中一个是他的老朋友约翰・S・坎德勒，于是将他介绍给罗宾逊。三个人站在街角的炎热的太阳底下，罗宾逊讲述了自己的遭遇，力劝坎德勒接受这个案子。

坎德勒虽然只有 25 岁，却已经是城里名声显赫的律师了，可惜他对这个案子能否成功并不抱希望。他知道彭伯顿，也很喜欢他，同时他也清楚彭伯顿在生意场上的名声。尽管如此，他还是同意代表罗宾逊去见彭伯顿。

彭伯顿安静地听着坎德勒说出罗宾逊和霍兰的案子。彭伯顿承认他卖了可口可乐的所有权，但他否认所有权属于彭伯顿化学公司。他坚称罗宾逊和霍兰对可口可乐并没有所有权。然后他又补充说："不过这也无关紧要，即使他们有所有权，你也不能从我这里得到什么。"坎德勒永远也忘不了彭伯顿声音中精疲力竭的无奈："这就是他说话的方式：'我不知道你能从我这里得到什么。'"

一两天后，坎德勒带罗宾逊到他的办公室，解释说没有必要打官司了，因为根本没有财产能追回，彭伯顿已经身无分文了，是时候该放弃了。

不过坎德勒还是帮了罗宾逊一个忙，他把罗宾逊的情况告诉了哥哥阿萨。

坎德勒家族是乔治亚州最引人注目的一个家族。阿萨·格里格斯·坎德勒是家中的第八子，也是最特殊的一个孩子。他生于 1851 年，很早就表现出对医学的兴趣。但南北战争中断了他的教育，还剥夺了他的家族的土地和大部分财富。在接受了仅仅 7 年的正规教育之后，19 世纪 70 年代早期，坎德勒在乔治亚州卡特斯维尔的两名医生那里当学徒，然后找了个机会去亚特兰大做药剂师。

带着仅有的 1. 75 美元，坎德勒在 1873 年 7 月 7 日抵达亚特兰大。白天他在街上四处奔走寻找工作，吃了无数闭门羹，其中包括在彭伯顿的店里。夜幕降临后，坎德勒终于在药剂师乔治·J·霍华德那里找到一份卑微的工作，一直工作到午夜药店关门。

有一段时间，坎德勒睡在药店地下室的小床上。房间的天花板很低，他无法站直，尽管他只有5英尺6英寸高。他的职责之一就是深夜里为需要买药的顾客开门。

坎德勒并不甘心长期寄人篱下，他希望和彭伯顿一样能成功，他拥有着创业的雄心壮志，1877年，坎德勒开创了自己的事业。

和在商业领域中一样，坎德勒在感情中也十分勇敢。虽然在后来的公众生活中他给人以循规蹈矩、冷漠、刚正不阿的印象，但在26岁时，他爱上了乔治·霍华德的十几岁的女儿——露西·伊丽莎白，也叫莉齐。霍华德强烈反对女儿嫁给他的雇员，但坎德勒无论如何都不放弃。霍华德拒绝参加他们的婚礼，甚至几个月都不和这对年轻夫妇说话。不过最终，霍华德还是让步了。1882年，他们两人开始合伙经营。1886年，坎德勒买断了这位老人的股权，成为阿萨·G·坎德勒公司唯一的所有人。

1887年坎德勒结识弗兰克·罗宾逊时，阿萨·坎德勒的药品生意正处于兴盛时期，公司总部位于桃树街一所漂亮的三层高的砖房。坎德勒帮助了这个愁容满面、时运不佳的人，给了他一份会计的兼职工作，这份工作帮助罗宾逊养活了他的妻子和女儿。

1887年7月中旬，朗兹、维纳布尔完成了他们和彭伯顿的交易，他们付给彭伯顿现金283.29美元，以换取可口可乐有形资产，包括存货、原料、广告材料、设备，还有那个40加仑的铜壶。他们派了一辆马车到玛丽埃塔街 107 号，把货物运到了雅各布药店的地下室，维纳布尔在这里租用了 3000 平方英尺的地方用于存货。

按照合作协议，维纳布尔在地下室生产可口可乐，在他一楼的冷饮店销售，朗兹负责亚特兰大以及南部地区其他冷饮店和药店的销售。

“我接到了订单，于是去看维纳布尔的生产情况，”朗兹后来回忆说，“令我震惊的是原料和设备都放在地下室的角落里，维纳布尔根本没有生产一点点糖浆。”

维纳布尔卖出了 10 加仑的糖浆，这是他们买回来的库存的一部分，但他并没有生产新的糖浆。他告诉朗兹，他忙于招待顾客。朗兹和维纳布尔发生了争执，最终维纳布尔承诺会改变现状。然而几周后，朗兹发现维纳布尔仍然没有生产一滴可口可乐。维纳布尔虽然认为这款饮料有光明的前途，但是他并不想从事生产，也不想设立分销点，他也没有资本风险去冒险，他想要退出。忙于推销工作的朗兹决定减少损失，出售他和维纳布尔持有的可口可乐三分之二的股份。朗兹联系了几位亚特兰大的药商，但他们都断然拒绝了他。最后，在绝望中，他联系了伍尔福克・沃克，彭伯顿化学公司的推销员，和公司其他老员工一样，沃克差点破产。他寄宿在玛丽埃塔街 107 号一个房间里，因为他负担不起别的房租。“可口可乐，”他重复朗兹的话，“我连一张邮票都买不起，我一美元都没有。”

“好吧，”朗兹说，“但是如果你能出去筹集一千美元，我就以一千美元的现金卖给你，剩下的钱你可以用公司的利润付给我。”

沃克动心了。他从妹妹多齐尔夫人那里拿到了1200美元，1887年2月14日，他从朗兹那里买了可口可乐的三分之二的股份。

可口可乐的资产被搬回它最初起家的地方——彭伯顿化学公司的地下室。而弗兰克·罗宾逊注意到可口可乐命运的最新转机，从中发现了机会。

1888年冬天，他不厌其烦地向阿萨·坎德勒介绍可口可乐。一天，罗宾逊指着窗外一辆载满空啤酒桶的马车告诉坎德勒，也许有一天车上会载满可口可乐。最初，坎德勒对可口可乐毫无兴趣。首先，他没有冷饮店，没有销售渠道。另一方面，坎德勒有志于进入批发、零售药品和专利药品领域，他已获得三项授权，无心再增加一项，于是他拒绝了罗宾逊。

后来发生了一件事，改变了坎德勒的想法。由于长时间的工作和严苛的个性，他患有周期性头痛和消化不良。一天在参观雅各布药店时，在维纳布尔的建议下他品尝了可口可乐，发现喝这个可以减缓病痛。饮料中的碳酸缓解了他的消化不良，咖啡因减轻了他的头痛。他认为这个饮料的出现是一个奇迹。

几天之内，坎德勒就得到了可口可乐的控制权。他将彭伯顿免职，并减免了其550美元的旧债务，获得了他三分之一股份。然后他支付沃克和他的妹妹750美元，得到了他们的一半股份。坎德勒占据了多数股权，他做的第一件事就是让弗兰克·罗宾逊回到玛丽埃塔街107号，并把公司交给他负责。经过一年的奋斗，罗宾逊重回可口可乐公司上层。

彭伯顿于1888年8月16日去世。肠炎使他的肠胃饱受折磨，让他从57岁开始就再也卧床不起。

彭伯顿的声望犹存，他的药剂师朋友们在他的葬礼举行时均闭门歇业以示对他的尊重。他们聚集在阿萨·坎德勒的办公室缅怀彭伯顿，坎德勒谈到他“天性可爱，优点良多”。后来坎德勒派一辆马车去收集可口可乐的物资，一劳永逸地让它们成为自己的资产。

坎德勒让弗兰克·罗宾逊参与公司经营，就好像他是自己家庭的一员。罗宾逊被任命为阿萨·坎德勒公司总负责人，负责在地下室合成专利药品。

首先要做的是完善可口可乐的配方。上一季开始时，冷饮店业主的投诉将罗宾逊淹没，他们抱怨糖浆不易储存，会腐臭。因为缺乏足够的防腐剂，可口可乐糖浆是极易变质的，而且它还容易发酵。此外，彭伯顿使用锡罐和玻璃瓶包装可口可乐，而锡与磷酸会发生化学反应。多次进行实验后，罗宾逊和坎德勒发现在配方中添加甘油可以有效地防腐和除块。此后，他们不再使用锡罐。

然后他们开始调整可口可乐中的两种成分，古柯和可乐。这两种成分都出现了问题。关于可卡因副作用的第一场全国辩论此时已经展开，制造商开始变得保守，因为他们的产品被指控可能导致“可卡因成瘾”或“可卡因依赖”。民众对可卡因高涨的愤怒情绪还会持续几年，虽然坎德勒和罗宾逊急于宣传古柯叶对人体健康的益处，但没有理由冒着风险增加古柯叶提取物的含量。后来他们将其削减到微量。

而关于在可乐果中提取的液体，最大的问题还是味道。即使像彭伯顿那样使用微量可乐果提取液，苦涩味仍明显，令人难以接受。不仅如此，它的成本也很高，每磅需花费 20 美元。因此，可乐果提取液的含量也开始被降到极低值。

为了保密，坎德勒和罗宾逊不再以名称称呼新配方的成分，而是开始把它们叫作“商品”。商品 1 号是糖，2 号是焦糖，3 号是咖啡因，4 号是磷酸，5 号是古柯和可乐提取物的混合物，6 号是甘油，7X 号是绝密混合调味油。

接下来，坎德勒用 1000 美元买下了可口可乐最后三分之一的股份，这些股份在彭伯顿的老推销员伍尔福克 · 沃克和他的妹妹多齐尔太太手中。

1889 年 5 月 1 日，在冷饮店销售旺季即将开始时，坎德勒在《亚特兰大日报》上刊登了大幅广告，宣称可口可乐由他的公司“独资经营”。

一切看起来都很顺利，但可口可乐仍前途未卜，原因之一是坎德勒怀疑产品的吸引力。究竟应该把产品定位为一种简单的提神物还是专利药品，他始终拿不定主意，所以他两种思路都尝试了，而且通常是在同一个广告里。

可口可乐很“美味”“让你充满精力”，同时还是一种“大脑滋补品和神经兴奋剂”。坎德勒很喜欢老一套的夸大其词的广告风格，这种广告风格通常被用在那些经试验发现不合格的专利药品上。坎德勒对可口可乐也采取了类似的策略。

于是，可口可乐的广告册里包含了众多药商的宣传语，这些宣传语宣称可口可乐可以治疗失眠、神经痛、头痛和精神疲劳，坎德勒甚至重复以前的法式古柯葡萄酒的广告词，声称可口可乐能平复“人们在唱歌和说话时过分激动的声音”。

除了广告，坎德勒还举行了大规模的“试喝”活动，给人们免费品尝的机会，消除民众对它的疑虑。坎德勒要求南部各地的药商提供一份最大的128个客户的名单，而这恰好是每加仑对应的盎司数。坎德勒按照名单给每位客户邮寄了票券，凭票可以在当地的冷饮店换取一杯免费的可口可乐喝。当地的药商收到了两加仑的糖浆：一半用于赠送样品，另一半实际销售给“那些肯定会想要更多”的顾客。一杯饮料定价5美分，如果一个药商能卖完第二加仑，他就可以赚到6.40美元。可口可乐想要成功，必须从开始就让人们喜欢上它，而人们不断购买，药商才会订购第三和第四加仑，并开始支付坎德勒每加仑2美元的批发价格。这是一个代价高昂的营销方案，与坎德勒的初期想法格格不入，但罗宾逊极力劝说坎德勒接受这种初期的投入，最终这个方案奏效了。

1890年夏天，坎德勒迎来可口可乐第二个销售旺季，可口可乐的销量比初期增加逾3倍，达到8855加仑。在南方的冷饮店，人们开始主动上门购买可口可乐。

1891年初，坎德勒宣布放弃他的药品生意，专注于专利药品生产。坎德勒和罗宾逊搬到一个临时工厂，工厂位于迪凯特街一幢三层砖楼的二楼和三楼。这里是亚特兰大的一个混乱的地区，距离铁路有一个街区。他们的工厂规模不大，楼下有一家名叫“纽约服装店”的二手店，还有鲍勃·帕里什台球厅。坎德勒的员工包括其侄子山姆·威拉德和黑人助手乔治·卡特赖特，他们从星期一到星期五都在辛勤工作，生产坎德勒的热销产品——植物香油药膏。星期六他们开始清理四十加仑的铜水壶，制作可口可乐产品。

生产一片混乱。威拉德和卡特赖特打破木箱当作燃料，填进粗砖炉，把水壶里的水烧开，同时从糖果店扛回来很多袋糖、咖啡因和焦糖。他们用木桨搅拌冒泡的糖浆，尽量保证它不被烧焦。有时他们算错时间，水壶就被烧干了。这时，黏稠、滚烫的糖浆就会漏到下面的墙壁和天花板上，坎德勒不得不为此多次赔偿。几年后，坎德勒向一群可口可乐推销员描述当时工厂的情况，他摇了摇头说：“我们有一个大铜水壶用来煮糖浆，还有一个黑人用木桨搅动。这就是我们的生产设备。”

在夏天的几个月里，没有空调，工厂里热得像地狱。威拉德和卡特赖特汗流浃背，脚滑一下，就会陷进洒在木板上的黏稠的糖浆里。浓郁的甜味引来了蜜蜂和小黄蜂，它们挤满了没有窗纱的窗子。星期天，冷却的糖浆被灌到桶里，加入磷酸、古柯、可乐果、香料和甘油，产出成品。质量监控是依靠弗兰克·罗宾逊的嗅觉神经来完成的：他嗅一嗅，从每批糖浆中选取样品进行品尝，由此判定产品质量是否合格。

尽管初期的可口可乐的生产设备很简陋，然而，销量却在持续上升。在亚特兰大和南方其他城市，药商开始重视可口可乐带来的收益。1891 年夏天，坎德勒和罗宾逊共售出了 19831 加仑的糖浆，比前一年的两倍还多。那年秋天在设想可口可乐的前景时，坎德勒意识到他必须获得更多资本——也许需要 50000 美金来新建工厂，增加新生产设备，雇用新销售人员，支付广告、促销、库存、经销等成本。

坎德勒没有那么多钱，也没有足够的信用额度去借款。所以，1891 年秋天，他决定注册成立可口可乐公司，出售股票，筹集资金。坎德勒的想法是保持公司的一半股份，另外一半卖给北部城市的大批发商，由他们拓展销售范围。

可口可乐公司于 1892 年初在乔治亚州成立，坎德勒是董事长，罗宾逊是秘书。公司发行了每股 100 美元的股票共 1000 股，坎德勒自己持有一半，分给弗兰克·罗宾逊 10 股，然后将剩下的 490 股交给巴尔的摩、纽约、波士顿和其他城市的股票经纪人出售。

如果一切都按计划进行，坎德勒会筹集到 49000 美元新资本。但事实并非如此。可口可乐是南方的产物，在北方几乎不为人知，似乎也没有人敢冒这个险。可口可乐的股票在北方只卖出了 75 股，坎德勒最终收到 7500 美元的新资本。

阿萨·坎德勒陷入了困境。但他明白必须依靠自己的力量，让可口可乐公司发展壮大。

第二章

曾被视为“毒品”

1892年，由于股票发行失败，阿萨·坎德勒只能通过推广产品、积累口碑的方式逐步扩大可口可乐公司的规模。他的销售人员包括他的几个侄子拖着箱子坐火车从一个城镇到另一个城镇，箱子里装满了免费的“品尝券”（可在任意一家药商的冷饮店领取5美分一杯的可口可乐汽水）。这些销售人员把“品尝券”发给所有愿意停下来拿一张的路人。坎德勒雇了两个速记员，从亚特兰大写信给全国各地成千上万的人，送他们“免费券”，极力邀请他们品尝他的新饮料——可口可乐。这时已是19世纪，直邮广告和街头促销活动奏效了。更多的人们尝试过可口可乐，并喜欢它，介绍给他们的朋友。很快，可口可乐公司一年内挣回了5万美元，可以支付100万次免费品尝。

可口可乐公司开始繁荣发展起来。即使在1893年的危机中依然保持着惊人的平稳，证明（在后来的“大萧条”中进一步得到验证）即使在经济最糟糕的时期，人们也愿意花5美分来犒劳一下自己。在“快乐的90年代”[①]，可口可乐的销售量连年增长，90年代末达到281000加仑。糖浆工厂开始搬迁，工厂规模扩大了一倍，以满足迅速增长的需求。在春季和夏季，产品销量平稳增长，越来越多的人们到当地药店的冷饮柜台，点一杯可口可乐。

但人们通常不会叫它的名字。许多人会说“给我一点兴奋剂”或“可卡因”或“一针强心剂”。当然，在可口可乐的成功背后，也有着诸多的负面传闻。可口可乐在积累口碑的同时

① 指19世纪90年代，被称为Gay Nineties.（编者注）

不断受到谣言攻击，人们认为坎德勒一定在饮料里添加了什么特殊成分，而且很可能是可卡因。

1891年夏天，坎德勒将一夸脱可口可乐糖浆送到乔治亚州拉格兰奇的史莱克医生那里。史莱克医生是乔治亚州医药协会的主席，乔治亚州立制药委员会的化学审查员。坎德勒请他来检验糖浆，验明其是否含有可卡因。

"是的，确实有。"史莱克医生检验后说，但他又补充道，"不过，里面可卡因的含量极低，根本不可能让人上瘾，因为要达到有效剂量，需要30杯可口可乐。"

史莱克的报告给坎德勒带来了挑战。他和罗宾逊认为，三年前他们修改配方时已经把可卡因从可口可乐中移除了，或者至少减少到了一个无法觉察的量。现在看来，不管他们将古柯叶提取液的含量降到多么低，通过复杂精细的化学分析依然可以发现含有微量可卡因，而且这样的含量不是可以被忽略不计的：大多数药剂师认为可卡因的基本有效剂量是1格令①，如果一杯可口可乐中含有三十分之一格令，就意味着那些可口可乐爱好者可能——虽然只是可能——喝完几杯后仍会感觉到可卡因的效力。这样的风险是坎德勒不能承受的，因为，他的饮料中绝不能出现可卡因，尤其在可口可乐爱好者中有许多妇女和儿童的情况下。

但坎德勒也不能简单地把配方中的古柯叶提取液消除。坎德勒坚信他的产品的名字必须是描述性的，而且为了保证对

① 格令，用于称量药物的重量单位，等于0.0648克或0.00143磅。（编者注）

“可口可乐”这一名称的所有权，他也必须在产品中加入古柯叶的成分。名称的所有权是至关重要的：坎德勒没有糖浆本身的专利，任何人都可以模仿，但是只要坎德勒拥有“可口可乐”名称的所有权，就没有人可以仿造这个标签。名称是真正有价值的东西，注册商标是它唯一的保障。所以，古柯叶不得不留在糖浆里。

坎德勒和罗宾逊重新回到实验室，他们最后研制出一种几乎没有活性的配方。古柯叶和可乐果（以3比1的比例）混合在一起磨成粉，装进一个长方形的防水木箱里，在谷物酒精、白葡萄酒、石灰磷酸中浸泡24小时，然后用热气腾腾的水过滤。这种苦涩的合成液体闪着浅棕色的光，被工人们戏称为“茶”。在官方的秘密配方中，它成了新的“商品5号”，每加仑糖浆中只有一盎司半的含量。

坎德勒现在可以说“可口可乐完全没有可卡因”，坎德勒希望他的饮料能有一个好名声，但是出于某些原因，坎德勒永远不可能放弃早期暗示性的、夸大其词的促销广告，即将古柯和可乐作为专利药品来宣传。

在促销信件里，坎德勒写道：“可口可乐是古柯和可乐的‘科学组合’，它能治愈头痛、安抚神经、增强肌肉，并能使人‘神清气爽’。”后来，坎德勒又出版了一本小册子，说“可口可乐可以使人恢复‘智慧的活力’”。

坎德勒很快回击了谴责控诉可口可乐会成瘾的指控。“你肯定知道，”他在给一个牧师的信中这样写道，“我可不想出售毒药。”1892年，他通过《亚特兰大日报》宣布，如果有人能举出一个可口可乐导致可卡因成瘾的真实案例，他会马上停业。但他始终没有明确声明可口可乐里不含可卡因，也没有放弃他的宣传策略。坎德勒暗示他的汽水有疗效，甚至能让人兴奋，但事实并非如此。

人们相信坎德勒的宣传，毕竟可口可乐能让人心旷神怡、精力充沛，就像喝一杯咖啡加了五茶匙的糖。由于配方保密，没有人准确知道是什么成分使可口可乐具有提神作用，但人们很容易联想到可卡因。一些顾客开始把一杯可口可乐称作“一剂”。即使坎德勒的一些最亲密的朋友，包括最先在自己的药店中提供可口可乐的约瑟夫·雅各布斯，也认为可口可乐中含有毒品。这种说法迅速成为一种信念以及民间传说的一部分，特别是在南方，可口可乐的双重形象——传说与现实——就此建立了。

这种做法的后果在日后显现。当联邦政府开始与可口可乐公司展开长达20年的“消耗战”时，首先提出的问题不是可卡因，而是钱。

为给美西战争提供一部分资金，国会通过了一项针对药品征税的法案，1898年7月1日生效。国内税务专员根据可口可乐的宣传健康功效的广告，下令乔治亚州税吏开始评估向可口可乐征税的具体事宜。阿萨·坎德勒表示强烈反对。在征税的三年期间，他极不情愿地付给政府29502美元。在1901年该法案正式废除之前，坎德勒一直起诉联邦政府，要追回付给的每一分钱，包括利息。

起诉联邦政府是一个危险的主张，坎德勒很清楚。从严格的经济角度来看，也是荒谬的。到1901年，可口可乐公司的年销售量已激增到近50万加仑，公司的总收入接近100万美元。坎德勒在达拉斯、芝加哥、巴尔的摩和洛杉矶分别建立分厂，并在费城、纽约和其他城市设立销售办事处。可口可乐已经成为美国民族产品，在联邦每一个州都可以买到。

可口可乐的生意很好，让政府征收了几千美元的税，但征税只是暂时的。

坎德勒的个性影响着他的思想和行为，他生性正直、主张公平，同时也非常吝啬。放弃他所认为的合法资产，对他而言是不可想象的。

坎德勒在亚特兰大联邦法院提起诉讼，要求偿还款税，政府对此不予理睬。国内税收办公室声称，可口可乐公司成立的目的是卖药，其产品是由至少三种药物秘密混合而成的“药剂”，其广告宣称该产品具有缓解疲惫等疾病的功效。此外，政府直指要害，宣称可口可乐中含有可卡因。

政府的最后一项指控可能是最激烈、最具破坏性的，但事实证明提出这种说法为时过早。在审判开始前的准备期间，国内税收办公室聘请化学家查尔斯·克兰普顿检测可口可乐糖浆，但经过多次检测，他依然无法提供其中含有可卡因的证明，但案件审理却照常进行。

当阿萨·坎德勒出庭时，政府的律师、助理检察官乔治·贝尔负责质证。起初他并没有取得什么进展。例如，当他质问坎德勒为什么在广告中宣称可口可乐可以治疗头痛时，坎德勒说道："因为它确实能治愈头痛。"依据坎德勒的证词，可口可乐的主要成分是水和糖，也含有古柯和可乐，否则"拿不到美国政府授予的专利权"。最后，似乎是临时起意，贝尔问坎德勒："可口可乐中有可卡因吗？"

"只有一点点。"坎德勒回答。

贝尔目瞪口呆。"有吗？"他重复道。

"你们的化学家并不能找到它，"坎德勒厉声说，语气中流露出得意，"不是吗？"

坎德勒的胜利是短暂的。为了准备审讯，可口可乐公司聘请了一位专家作为证人，反驳政府可能提出的证词和证据。没有人想到政府会突然开庭，当然更没有人想到公司聘请的专家——乔治亚州立药师委员会秘书乔治·佩恩医生，会发现糖浆中仍有一丝可卡因的痕迹。但是他确实发现了可卡因的痕迹。

佩恩医生利用先进的技术，这种技术显然是政府聘请的专家所不知道或无法运用的。佩恩医生计算出每盎司可口可乐糖浆中包含四百分之一格令可卡因。"这是最微小的含量，"他在审判中作证，"当然没有明显的效果，人类喝到能产生效果的量时会爆炸。"

专家的证词迅速引发猜测，人们怀疑可口可乐中的微量可卡因会危害公众健康。政府请出乔治亚州医学协会的主席贝尔德医生，他作证说喝可口可乐绝对会令人上瘾。"人们如果大量饮用可口可乐，”他说，“就会或多或少地对它产生依赖性。”但同时他又从反面补充说：“导致上瘾的并不是可卡因，因为可卡因含量太少，不足以导致上瘾。”

最后，政府首席化学家克兰普顿医生走上证人席。他作证说可口可乐糖浆主要成分是糖和水，但也有可卡因。被当问到有多少可卡因时，他含糊地回答“少量”。当公司的律师在质证时指控他并未检测出任何可卡因，克兰普顿医生的证词很快瓦解了。他坚称（完全不顾既定事实）检测可卡因是否存在的唯一途径是品尝，即用味蕾来感受。他声称自己进行过这样的测试，并暗示可口可乐糖浆使他的舌头发麻。不过说到此时他被双方同时打断，于是匆匆离席。

对于克兰普顿医生偏颇而混乱的证词，庭审记录中没有任何解释，这可能是因为他所说的话使双方都感到十分尴尬，因此律师认定最好的法律策略是把他赶出法庭。事实上，不论如何其实都无关紧要——陪审团商议了不到十五分钟就宣布可口可乐胜诉。但是，克兰普顿医生的证词在后续审判中再度出现，甚至在多年后被奥利弗·温德尔·霍姆斯写进了影响重大的美国最高法院意见书。

坎德勒拿回了他的 29502 美元，但代价也很高。他认为政府的真正目的是借机得到可口可乐的配方，并透露给所有想模仿做此饮料的人，让他们用廉价的代替品占领市场，以此来与他竞争。实际上，已经有很多人在模仿，虽然他们不需要法庭上透露的信息，就能生产出非常接近可口可乐的糖浆。但事实上，真正威胁到坎德勒和可口可乐的事情却发生在法庭之外：因为针对可卡因的“舆论地震”才刚刚开始。

在世纪之交，对可卡因的恐慌在南方蔓延。同这一地区的其他许多问题一样，这也是由种族问题引发的。当时南方大部分地区都颁布了禁酒法令，一些黑人以及一些买不起私酒的穷人，转而将可卡因作为替代品。1900 年 6 月《美国医药协会杂志》刊文称，南方许多黑人染上可卡因瘾。很快这些野蛮邪恶的故事开始四处流传。《纽约论坛报》援引乔治亚州上校沃森的言论，呼吁采取法律行动反对可口可乐。

对可口可乐的强烈抵制爆发了。一个自称医学专家的人警告说：“可口可乐是一种心脏兴奋剂，黑人能受得住，但白人不行。”

可口可乐的商标中包含的两种药物——古柯和可乐——在可口可乐中含量极低，但这个事实已经没有人在意了。但“上瘾”的言论导致人们的恐慌情绪愈演愈烈。乔治亚州奥古斯塔的医生说：“我所在的城市里到处都是‘可口可乐成瘾者’，他们的上瘾程度不亚于鸦片成瘾者。”“（可口可乐中）每一种成分都是毒药。”北卡罗来纳州的《威尔逊每日新闻》这样警告读者。

全国各地的市议会和州立法机关开始限制或禁止在专利药品中使用可卡因。为摆脱困境，坎德勒求助于美国最大的可卡因制造商。这种做法看起来很可笑，但坎德勒认为专家既然可以从古柯叶中提取可卡因，就有可能知道如何从古柯叶中去除所有可卡因，保证进入可口可乐中的古柯叶提取液足够安全。

1903年6月，坎德勒登上一列去纽约的火车，来到罗斯勒·哈斯莱彻化学公司的办公室，并给他们最大的供货商路易斯·沙弗医生出了一道难题：将古柯提取液中的可卡因完全去除。沙弗医生相信自己可以做到。

去除了可卡因的古柯叶提取液成为“新商品5号”。在新商品5号的生产过程中，沙弗发明了一个彻底去除的方法。他粉碎古柯叶，用锯末混合，将混合物浸泡在碳酸氢钠中。接下来，他用从煤焦油中提炼的强效溶剂甲苯来过滤混合物，然后用蒸汽猛烈喷射处理过的古柯叶，最后他加入可乐果粉，用酒精过滤混合物，最后一步是进行高温杀菌。如此一来，似乎可卡因（或其他相关的东西）不太可能幸存。

从坎德勒的角度来看，除掉最后一点能被发现的可卡因非常及时。因为改革运动开始席卷全国，投身运动的记者将房地产、工业、劳动、铁路、金融、保险、政府和公共卫生领域的腐败行为放在了报刊的头条。制药行业成了“靶子”，一系列题为“美国大欺诈”言辞尖锐的文章于1905年12月在《科利尔》杂志发表。

保健品和药品行业的改革运动的高潮是在1906年国会通过《净化食品和药品法案》时，规定所有使用可卡因的制造商必须在产品标签上注明实际使用情况。推动此法案获得批准的领导人之一是美国农业部首席化学家哈维·华盛顿·威利医生，1907年法案生效时，他成为联邦高级官员并负责执行该法案。

威利医生认为可口可乐含有可卡因和其他有害成分，于是他发起了一场运动来驱逐阿萨·坎德勒的公司。

美国陆军部也接到许多对可口可乐的投诉，投诉者称可口可乐中含有可卡因和酒精。1907年春天，陆军部对此做出回应，禁止在美国陆军基地的军中福利商店、食堂出售可口可乐汽水。可口可乐公司的律师约翰·坎德勒提出强烈抗议。他提起上诉，坚称可口可乐汽水中的可卡因已被除净，而酒精的含量可以忽略不计。陆军部求助威利医生进行测试并解决问题。

1907年的整个夏季，坎德勒家族都在等威利完成他的分析报告，他们希望获得批准，恢复可口可乐在军队的销售。最后，在9月中旬，约翰·坎德勒坐火车来到华盛顿，想搞清楚为什么检测需要花这么长时间。后来他回忆说，他在农业部的走廊里待了两天，向每一个人打听情况。最后，他认为他已经了解了问题的所在。测试已经证实，可口可乐糖浆不再含有一丁点可卡因，而微量酒精是完全无害的。但威利提出了一个新的“警告”——可口可乐中的咖啡因会危害人体健康。化学局正在进行一项实验，让参与实验的志愿者服用大剂量的咖啡因，试图证明它是有害的。

与此同时，威利派副手莱曼·弗雷德里克·基布勒到南方视察，返回后基布勒汇报称，该地区“可口可乐成瘾”。他在报告中写道：“亲眼所见买饮料的都是四、五、六岁的孩子。”他说，这些饮料经常被成罐地带回家，全家像喝啤酒一样饮用。基布勒耸人听闻的报告深深刺激了威利，他认为可口可乐有损南方人的健康甚至品格。他决心与可口可乐斗争到底。

1907年10月，军队禁止可口可乐销售仍然持续，坎德勒决定勇敢接近威尔逊部长。会面进行得很顺利。坎德勒向他的家人汇报说：“威尔逊似乎完全同情我们的观点，并表示他会从威利医生那里拿到我们商品的报告，我备受鼓舞，他似乎倾向于我们。”

在威尔逊的压力之下，威利终于提交了他的报告。威利承认，可口可乐中没有可卡因，只有少量的无害的酒精。坎德勒赢了，最终军队解除了禁令，恢复了可口可乐在国家军事基地的销售。但威利的报告仍提到问题：他没有足够的时间来找到证据证明可口可乐中的咖啡因具有危害性，但他明确地表示他将继续这一工作。他还添油加醋地将基布勒的不实指控写进报告，声称儿童和成人一样滥用可口可乐。他引用一位亚特兰大药剂师的话说：“士兵喜欢混合酒与可口可乐，调成掺了苏打水的威士忌，这‘让他们着魔’。”

威利的报告让阿萨·坎德勒很恼火。不过，坎德勒很满意军队已解除禁令，他认为人们会很快忘记争议。家里人敦促他发表报告结果，宣传可口可乐的胜利，但他表示反对。他解释说：“说得越少，威利受伤的感情就越有可能平复，他也许能尽早放下这件事。”

事实证明坎德勒的想法大错特错。

坎德勒与威利冲突的后果是：阿萨·坎德勒开始厌倦制造和销售可口可乐的生意。

公司年均盈利200万到300万美元，这使坎德勒成为亚特兰大最富有的人。但对于惊人的商业成功他并不满意。坎德勒认为：生意只不过是“单纯的金钱机器”。

在坎德勒看来，钱应该取之有道、用之有益，而可口可乐带来的源源不断的财富显然在深深困扰着他。他为多年来的辛勤工作感到骄傲，但财富的积累——尤其是这件事已经变成一种自动化程序——似乎刺痛了他的良心。他想留下的遗产应是有形的成就，而他从迅速发展壮大的房地产帝国中则找到了更多乐趣。他开始在亚特兰大、纽约和巴尔的摩建造摩天大楼，并把它们都命名为“坎德勒大楼”，和可口可乐公司的大楼一样。

坎德勒厌倦了针对他的产品和家人的流言蜚语。本来卖一杯5美分的糖水可能不会让他感到多么自豪，但他也绝不能接受别人把他说成是一个兜售毒药的恶棍。多年来的争议代价惨重，可口可乐受到来自四面八方的攻击。禁酒运动的领导人指责可口可乐含有微量酒精，制酒商则怀疑坎德勒支持禁酒甚至密谋让可口可乐成为国民“无酒精饮料”。坎德勒怒称：“如果我拒绝购买一些报纸的版面或投放广告，那些编辑就会攻击我的饮料。”本来对于可口可乐含有可卡因的想法，坎德勒曾经抱以微妙的支持，但现在这种说法只会激怒他。他极度厌恶人们使用一些说法含沙射影地指代可口可乐。

坎德勒快六十岁了，他已经越来越清醒地认识到自己终有一死。他的父亲英年早逝，坎德勒担心自己会有同样的命运。

他想在最后几年里全身心地投入慈善事业和公共服务事业，而这意味着他将离开可口可乐公司。现在的问题是怎么做。

年轻的时候，坎德勒坚持让他的儿子远离生意。他认为兜售饮料是没有前途的，他特别希望他的长子霍华德去攻读医学然后成为一名医生，那是坎德勒自己被迫放弃的职业。

但后来坎德勒的决心渐渐动摇，他的态度改变了。他很矛盾。儿子霍华德决定在自家公司工作，不管怎样，儿子对生意的兴趣还是让坎德勒感到高兴。坎德勒给霍华德在公司提供了一份工作，但同时又几乎叫他不要接受："我提供的职位要求你在工厂工作，从事包装、喷绘、灌装等一系列体力劳动，而这些工作不会给你的精神和思想带来任何好处。"然而霍华德不仅接受了工作并且全身心享受着工作。

也许坎德勒并没有完全意识到，从那时起，他已经开始带领霍华德走上了经营公司的职业生涯。1900 年的夏天，霍华德大学毕业，到欧洲考察，他父亲精心指导他记录当地的商业发展情况和条件，评估可口可乐的发展机遇："我们需要冰，需要炎热的天气和漫长的夏季等等。你会知道我们要寻找什么。"秋天，当霍华德回到美国，坎德勒要求他开始在纽约的医学院研究，同时密切关注可口可乐公司在当地的经营情况。一年后，因视力衰退和过度疲劳，霍华德放弃了成为一名医生的计划，他的父亲给了他一份全职工作，并且开始考虑霍华德接替他管理自家公司的可能性。

霍华德·坎德勒在可口可乐的第一项长期任务是留在纽约，

努力在当地混乱的办公室建立有计划的秩序。他的工作开展的并不顺利。霍华德认为纽约是一个“无底洞”，消耗大量人力物力，他开始后悔将这里作为产品开拓的第一站。街边小贩出售一分钱一杯的苏打水，严重压低了可口可乐的定价，酒馆也不愿接受这款南方饮料。霍华德不太可能改变公司的命运，即使他展现出了经商的天赋，但缺乏经验让他感到不安。霍华德只有 23 岁，性情急躁，他发现自己好像并不真的喜欢商业。“我似乎非常喜欢办公室里的工作，”他写信给他的父亲，“但是我不喜欢分发票券以及推销产品。更要命的是，我不喜欢生意场上的社交，但在此地这种社交在一定程度上是必要的。我不喜欢这样。”

这封信让父亲坎德勒明白了儿子的处境。可口可乐是一项几乎完全依赖推销的生意，自己儿子如果很反感推销工作，那是干不好的。坎德勒把儿子叫回亚特兰大，让他远离公众事务，负责管理糖浆工厂。

这是霍华德的职业生涯中最快乐的时期。多年后，霍华德提起当年父亲将秘密配方托付给他时的情形，他用“进入圣殿”这样的字眼来形容他接管配方时宗教般的神圣感。这个秘密配方并没有写在纸上。父亲让他牢记各种容器中的成分，这些容器被小心翼翼地存放在一个上锁的房间，上面的标签都被揭掉了。一连数日，霍华德的父亲站在他背后看着他练习调制这款秘密口味的混合物，学习如何通过“看、闻以及记住他们在货架上的位置”来辨识刺激性的水果和蔬菜油。经过这些练习，霍华德最终将配方中每种成分的数量以及不同成分放入的先后顺序都熟记于心了。

霍华德·坎德勒有着化学方面的天赋，如果他的父亲让他去管理可口可乐公司的实验室和生产工厂，结果可能会更好。霍华德生性害羞，缺乏自信心，总是为人际关系困扰，而且他不像他的父亲那样富于激情和进取心，此后，这一点在工作中表现得越来越明显。

但阿萨·坎德勒对此浑然不觉。随着健康状况持续恶化，坎德勒开始设想把公司事务交给他的儿子。1908 年夏天他在给霍华德的信里写道："我希望你能接替我已经坐了 20 年的位置，越快越好。"坎德勒提拔霍华德为副董事，全面负责公司经营，"迫使"他采取更强有力的行事手段，尤其在人事问题上。几个月来，坎德勒一直鼓励霍华德在公司经营方面多下功夫，"这样你就能彻底掌握然后成功接手"。从坎德勒的语气来看，他似乎已经感觉到了他儿子在管理上的不足之处，但同时他又拒绝承认这件事，而这是非常严重的。

此外还有另一个问题。经营公司是一回事，但所有权是另一回事。无论是否心怀顾虑，坎德勒可以随时退休，让他的儿子接管公司，但这并不能解决所有权的问题。坎德勒还有四个孩子，如果将公司留给霍华德，就意味着小阿萨、露西、沃尔特和威廉无法继承遗产，这样的后果也是坎德勒不能接受的。但将公司一分为五也不是一个好主意。这样一来孩子们虽然都持有股份，但如果公司倒闭，他们将身无分文。此外，如果孩子们拥有股份再出售股份，外人会不会独掌大权？他们会逼霍华德辞职吗？

坎德勒的困境不仅仅是假设。1908年，他暗中试探了他的一个熟人，看他是否愿意收购公司。塞缪尔·布朗是一个富裕的棉花经纪人和银行家，对可口可乐公司一向非常关注。他的女婿哈罗德·赫希是一个聪明的年轻人，也是约翰·坎德勒律师事务所的合伙人。布朗告诉阿萨·坎德勒，他对收购可口可乐公司非常感兴趣。布朗来自一个德国的犹太人家庭，与汉堡的银行保持着密切的联系，他认为他可以在欧洲安排融资。

布朗所想的是一个相当简单的分两步走的计划。他想从阿萨·坎德勒那里买下可口可乐公司，再转手向南方其他小投资者出售股票。毕竟，可口可乐的绝大部分销售仍然集中在该地区，这款饮料仍被视为“南方产品”。布朗认为南方人对可口可乐公司股票的热情，就像对其公司产品的热爱一样强烈。

这个想法正合阿萨·坎德勒之意，他可以一劳永逸地解决公司问题，他可以把他积累的财富从公司的账上取出，他希望能用这些钱做慈善，至少在理论上，公司上市能解决他的遗产继承问题。而自己其他的孩子将得到足够的现金让他们衣食无忧，霍华德会继续经营公司。因为可口可乐的新主人不是急于掌管公司的一个人或一个团体，而是公众，而南方人很乐意让坎德勒家族的后代继续掌管公司。事实上，他们会坚持让坎德勒家族的人掌权，这样霍华德将会受到保护。

但是这个计划遇到了阻碍。在布朗和阿萨·坎德勒达成协议之前，计划被打断了。

1909 年 10 月 20 日下午，当霍华德 · 坎德勒吃完午饭回到亚特兰大可口可乐总部工作时，被工厂经理拦在门口。

经理激动地告诉坎德勒，两个联邦官员没有提前通知就来了，他们不顾阻拦在工厂的地下室闲逛。

霍华德冲进大楼，没来得及摘下帽子就跑到了地下室。他发现基布勒坐在摇摇晃晃的木梯顶上，凝视着悬挂在天花板上巨大的 1500 加仑的柏木冷却水箱。另一联邦检查员林奇正站在梯子旁边，快速记录着。

霍华德对这两人很熟悉。军队禁止可口可乐风波之后的两年里，他们已经多次参观了公司的几个工厂，但总是事先约好，并且有坎德勒家族的成员作陪，霍华德自己也曾多次陪同他们，双方的交谈一直很有礼貌甚至很亲切。基布勒曾带他的妻子一起参观，他妻子参观时好像是在游览景点。

然而这一次，基布勒和林奇未经许可跑来并四处窥探。霍华德没有客套，直截了当地问他们想干什么。林奇说："我们需要商品 5 号的样品，古柯和可乐提取液的合成品。我们愿意签署一份收据。"霍华德吃了一惊，迟疑地取出商品 5 号的样品交给林奇，然后去找他的父亲。

基布勒和林奇正要离开时，阿萨 · 坎德勒冲了进来，气得浑身发抖。他要求归还样品，林奇拒绝了。阿萨 · 坎德勒咆哮着："看在上帝的份上，只要我在这里你就不会得到它！"

但是他们还是拿走了样品。

两年来，威利一直想起诉可口可乐，只是被他的上级——农业部长威尔逊阻止了。每当威利提出一项反对该公司的提案，威尔逊就会命令食品和药品监察委员会的两个成员投反对票。多次冲突之后，威尔逊不耐烦地给威利写了一封信，直接要求他放弃反对可口可乐。但结果恰恰相反，这封信反而给了威利新的反对的理由。

一天弗雷德·洛林·希利来拜访威利，他是《亚特兰大乔治亚人》报的出版商，这是亚特兰大最新的最激进的报纸。希利不是坎德勒家族的朋友，他想知道为什么化学局放弃起诉可口可乐。威利拿出威尔逊的信，把它放在桌上，然后满意地看着希利惊讶地阅读信件。有这封信作为筹码，希利威胁威尔逊让他收回成命，否则就揭露整个事件。

“真是太惊人了，”事后威利带着喜悦写道，“对舆论的恐惧竟然有如此之大的力量！”威尔逊做出了让步。他主动提出收回他的信，允许他继续起诉，同时他坚持认为，审判要在靠近亚特兰大的地点进行，这可能会有利于可口可乐。田纳西州的查特怒加市是公司参与州际贸易的最近的城市，而且恰好是可口可乐几个最大的投资者的家乡。威利想在华盛顿特区起诉，但最终他还是勉强同意了威尔逊选择的地点。政府在查特怒加市查封了正在铁路运输的 40 大桶和 20 小桶的可口可乐糖浆，以刑事欺诈的名义向联邦法院提起诉讼。

法庭准备审判花了一年多的时间。

1911 年 3 月 12 日，双方参与者开始涌进查特怒加市。

政府对可口可乐主要有两项指控：可口可乐的商标是“假商标”，因为从名称来看商品应含有古柯和可乐，但两者都没有，取而代之的是咖啡因。威利费尽心思也未能从可口可乐中发现可卡因，现在他似乎又反过来希望以没有使用可卡因为理由惩罚该公司。尽管几个世纪以来人们从未发现喝茶或喝咖啡会有什么明显的不良结果，但威利坚信咖啡因——尤其是合成咖啡因——对人体健康有害，比如茶中的丹宁酸和咖啡因等不可缓冲的天然成分。判决结果取决于双方科学家团队的证词，双方竞相提供了关于咖啡因对身体影响的最新研究结果。

第一位出席的证人是林奇，那个在亚特兰大工厂地下室窥探的联邦检查员。检察官要求林奇描述可口可乐公司工厂的情况。林奇说：“我曾多次检查工厂，其中有一次让我印象特别深刻。那是在七月，糖浆制作设备放置在大楼的地下室和一层，制作过程始于放在门前的一个大蒸汽铜壶。水从管道直接抽进水壶，水壶放在放有很多糖桶的木台中间，一个黑人把糖放进水壶。”

检察官让林奇大声讲话，然后问道：“站在台上的黑人厨师，向壶里添加原料时，你能描述一下他的穿着吗？”

“嗯，”林奇说，“非常单薄。他穿着一件肮脏的汗衫，一双破鞋，还有一条旧的脏裤子。”

“请回答他是否出汗。”

“是的，大汗淋漓。”

“请回答他是否嚼烟。”

“是的，先生。”

“他是否不时吐烟草，如果是的话，吐在哪里？”

“他想吐烟草的时候，就吐在平台上以及地板上。”

被告席上的约翰·坎德勒和公司的其他律师惊讶地听着。

公司的一位律师赛泽上前，开始了艰难的质证。林奇似乎有点紧张，他承认自己没有看到黑人雇员往水壶里吐烟草。不过，在其他方面，他依然坚持自己的说法。

随着案件审理的不断推进，政府的战略越来越明显。咖啡因的问题已经退居次要位置，一系列证人证言都是为最大程度地让陪审团以及公众感到震惊和恐慌而精心设计的。

威利的一位化学家富勒表示，他分析了四十大桶以及二十小桶的糖浆样本，发现里面含有一些干草、稻草、灰尘和污垢，还有昆虫的腿，甚至“大黄蜂的残躯”。被告席上，公司的一位律师勇敢地、舞台旁白般地大喊一声，法庭上的记者都听到了：“连大黄蜂都爱可口可乐！”

纽约大学药学院的药物学教授亨利·赛比生动地描述了他的兔子实验——可口可乐杀死了它们。在质证环节中，他说自己并没有使用任何咖啡因，而是超大剂量的商品5号——古柯和可乐的提取液。

第一天的辩论大约在下午两点钟结束，之后威利和他的妻子兴致勃勃地去购物，还参观了卢考特山著名的索道缆车。但在可口可乐公司的大办公室里，气氛并没有那么愉快。阿萨·坎德勒在他的兄弟约翰和其他律师的建议下没有前往查特怒加市。当他听说政府的种种说辞，他发觉自己最担忧的事情已经变成了事实。阿萨·坎德勒对林奇的证词感到极其愤怒：“这个骗子，他应该为作伪证被起诉！”

接下来的几天，阿萨·坎德勒的愤怒并没有得到缓解。威利的副手基布勒医生出席并附议了林奇的证词：可口可乐工厂很脏，黑人劳工不仅出汗还咀嚼烟草。基布勒补充说：“他们还会传播细菌。”

最后，原告方转向主要问题——咖啡因。从基布勒开始，政府请出十多个农业部科学家和专家作证，说咖啡因掩盖了普通的自然疲劳，使饮用者过分消耗自己，导致器官超负荷工作，最终成瘾，神经崩溃，有时甚至死亡。基布勒表示，咖啡因是一种毒药，会使病人心脏硬化到用刀也无法切割。科学家报告了用青蛙、兔子、老鼠、和豚鼠所做的各种实验，他们说所有实验都证明咖啡因对人体有害。

至少对被告方来说，政府的证人都不是很有说服力。公司当然有自己的专家，当政府部门的专家出席作证时，他们对证据的反应是哄堂大笑和冷嘲热讽，桑福德法官不得不告诫他们保持沉默。而在远方关注着这场审判的阿萨·坎德勒也有类似的反应。

审判进入第二周，政府一方的陈述结束，法官认为起诉方的证据不够有力，能最终一锤定音的证据并没有。

政府举证的关键是证明可口可乐确实会使人上瘾，会产生有害的副作用。但专家的证词只是从理论上说明这种饮料的潜在危害，但是没有可口可乐“成瘾者”的真实案例。

37岁的埃德温·科里是费城的有轨电车售票员。1910年，他被关进费城精神病医院，政府认为他是因为喝可口可乐而发病。科里的证词被用在法庭上作证，因为他不能安全地从病房来到法庭。科里发誓说他每天都会喝十几杯可口可乐。他发现有时当他上床准备入睡时，“会感觉床在移动，有时床头会抬高，有时是床尾”。

公司的律师对此非常怀疑。他们想知道关于科里的更多细节，所以他们在费城做了一些调查。曾经为他做检查的谢尔曼·克罗汀医生说科里确实病了，但这与可口可乐无关，他是天生的精神病人。另一个为科里做检查的医生，在被问及咖啡因是否会导致这种情况时说：“不，我不认为他的精神问题是由任何外部原因导致的，那是先天的。”

可口可乐的律师说还有其他费城的医生可以证实上述诊断，但桑福德法官表示已经不需要了。他说：“这不会影响本案的判断。”然而在某种意义上它确实影响了。政府始终没有举出一个受害者的真实案例，来证明可口可乐确实对国民健康有害。这是一个没有受害者的起诉。

审判第二周进行到一半的时候，可口可乐公司开始推出自己的专家，他们做出了令人信服的反驳。他们证明一杯可口可乐含有1. 2格令的咖啡因，略低于一杯茶或一杯咖啡中咖啡因的含量，因此具有同样轻微的效果。

但政府在一些方面则有效地打击了可口可乐。可口可乐的一些专家曾经写文章批评过咖啡因，他们害怕起诉方的质证。更重要的是，该公司已很难否认孩子们也喝可乐，而大多数专家一致认为咖啡因并不适合年轻人。

不过，审判第二周结束时，关于可口可乐的情况明显变得越来越好。公司派出黑人员工出庭作证，虽然他们的工作习惯在审判开始时被描述得不堪入目。詹姆斯·加斯顿为自己做了辩护，他十分诚恳地说自己在为阿萨·坎德勒工作的十二年里从来没有嚼过烟草，也没有穿过露脚的鞋，“因为热糖浆可能会烧掉我的脚”。

局势逆转的最有力的信号是威利医生的离开。他并没有走上证人席，在审判开始的两个星期之后，他突然宣布要到纽约康奈尔大学进行一系列卫生讲座。

意识到胜利将至，可口可乐公司第三周继续保持优势，让剩下的十八位专家证人出庭作证。审判临近结束，公司的律师面临一个选择。他们可以让陪审团作出判决，判决结果很有可能有利于可口可乐；他们也可以请求桑福德法官直接判决，这样做几乎没有什么风险，因为如果请求无效，桑福德法官会将案子交给陪审团，可口可乐仍有极大的获胜机会。公司辩护团队中只有哈罗德·赫希发出警告，他说危险不在于直接判决的请求被驳回，而在于被通过。但赫希是一个资历尚浅的晚辈，他的意见没有被采纳。

法官判决支持可口可乐公司。毫无疑问可口可乐赢了，但哈罗德·赫希担心胜利后仍会有问题。因为政府提出了一系列耸人听闻的证词，而陪审团始终没有机会对可口可乐是否有害作出判定。事实仍有争议，没有定局，没有无罪的证明。

最糟糕的是，政府打算对此次直接判决提出上诉，理由是可口可乐对食品和药品法案的施行造成威胁。

1911 年 8 月，审判结束后四个月，阿萨·坎德勒和山姆·布朗重新就收购公司进行了谈判，判决的破坏作用开始显现出来。经过几周的讨价还价后，他们以 800 万美元的价格成交。布朗从阿萨·坎德勒那里得到公司所有权，并着手寻找支持者来筹集资金。在这一过程中，他突然醒悟到，他的女婿赫希对此次直接判决的看法是完全正确的。随着上诉的推迟，原有的投资者开始望而却步。

1913 年，经过一年多的寻找，布朗放弃了。世界各地的投资者看待可口可乐公司的态度就像约翰·坎德勒曾经的态度一样：它就如同一个大气球，戳一个洞，就会消失，而上诉的威胁就像一把锋利闪亮的针。除非这个问题得到解决，否则收购将无法进行。这一年是公司有史以来最好的一年，创下了 880 万美元的收入纪录，超出了要价，但没有人愿意收购。真正的底价是公司的有形资产，诸如土地、建筑和库存，这些远不值 800 万美元，公司的真正价值在于商标的知名度。如果高等法院判决可口可乐公司败诉，品牌名声不再，投资者就有可能在一夜之间倾家荡产。

公司出版了名为《真理、正义和可口可乐》的小册子，以哀怨的口吻宣称："在所有的可口可乐里没有一点可卡因。这是千真万确并且永远不会改变的。”然而，这种解释并没有改变人们的看法。审判结束约一年后，1912 年初赫希参观华盛顿时，惊奇地发现在首都“可口可乐含有可卡因的观念已经深入人心”。

1913 年夏天，霍华德和其他的孩子终于如愿送他们的父母去欧洲旅行。此次旅行给了坎德勒些许快乐。“我已经忘记了我以前读过的书，”他伤感地写信回家，“在追寻财富的过程中我丢掉了我的历史知识，直到现在当我看到美景却不能充分欣赏时才发现这一点。”

六十一岁的阿萨·坎德勒展现出了更高的境界。“我在地球上的日子太短了，我不能浪费。”他写道，“从现在起直到生命的结束，我会尽全力让这个世界变得更好。”

他仍然是可口可乐公司的所有者，但是他对此已失去了兴趣，他不再去想那些事了。

第三章

多布斯管理时代

从第一次接触可口可乐起，山姆·多布斯就很热爱这家公司。1886年，这个17岁的年轻人来到亚特兰大为他的叔叔阿萨·坎德勒工作，正是在这一年可口可乐诞生。当阿萨·坎德勒取得可口可乐的所有权时，是多布斯驾着运货马车从玛丽埃塔街到彭伯顿公司的旧总部，运回了水壶、过滤器、库存产品和手工制作的广告标志。他为此兴奋不已。他喜欢可口可乐，每天都要喝十多杯。

不过，多布斯的兴奋不仅仅在于他可以尽情地享用可口可乐。虽然他还很年轻，但他已经表现出对公司整体业务的非凡领悟力。他想销售可口可乐，他对此很有想法。

然而多布斯也有不少缺点。他是阿萨·坎德勒姐姐的儿子，从小贫苦度日，他只接受过六个月的正规教育，他的语言表达有时会让人难以接受。没有人想到他会给叔叔坎德勒提出如何经营公司的建议，但他确实这么做了。

其中的一个建议是装瓶。他曾在彭伯顿那里见过原始的装瓶操作流程，对此很感兴趣。多布斯承认整个过程很不卫生、工艺落后，但他也清楚地看到了瓶装会给可口可乐销售带来巨大的潜力。阿萨·坎德勒宣布控股可口可乐之后，派多布斯前往乔治亚州、卡罗莱纳州南部以及南部其他地区的冷饮店推销这款新饮料。多布斯接受命令，拜访了整个地区每个城镇的药商，而且他还更进一步，把部分糖浆卖给装瓶商，这些人的装瓶设备与彭伯顿的类似。多布斯返回后，阿萨·坎德勒见到他并要求他停止装瓶行动。在坎德勒的观念里，装瓶是原始的、不卫生的工艺。“太多人不负责任，”他解释说，“他们根本不在乎名声，但我害怕（可口可乐）名誉会受损。”彭伯顿等人所使用的哈钦森密封塞出了名的难以清洁，早期的瓶装水生产商很少愿意尝试。而且，为了方便装车运输，装瓶设备经常被放在马厩里，地上全是稻草和马粪。坎德勒告诉多布斯，只能在冷饮店销售可口可乐。

多年后，多布斯在叙述这件事时仍记得，他站在他叔叔面前，大声争辩他所坚持的：“只依靠冷饮店是远远不够的，聪明的做法将是尽其所能，以任何可能的方式来销售可口可乐。杯装的可口可乐只能在冷饮店出售，但是瓶装的可口可乐可以运到任何地方，可以在任何地方销售，顾客可以在任何地方饮用。这代表着可口可乐的未来将没有任何限制。”毫无疑问，多布斯是提倡瓶装可口可乐的先驱者，而其他人在很久之后才开始认同他的观点。

阿萨·坎德勒时代的前两个销售旺季，1889 年和 1890 年的夏季，多布斯乘火车和马车前往南方，西至密西西比河西部，北至北卡罗莱纳。他后来说：“在该地区的产品营销上，我的功劳是最大的。”很快，多布斯被分配到亚特兰大的办公室，接管公司的运输部门。这项工作需要特别细致，例如，如果他误将运往密西西比的牛津的货物运到了北卡罗莱纳的牛津，他就会被叔叔坎德勒扣工资。但多布斯在销售方面真是天才。18 世纪 90 年代，他进入成年，并结束了他的学徒期。他与弗兰克·罗宾逊一起工作，学习了整个经营过程中的每一个环节，包括购买原料制作糖浆、记账以及为销售人员打包广告材料。

晚上，多布斯和他的导师毕肖普·沃伦·坎德勒一起学习，努力弥补他所缺少的教育。随着时间的推移，他如璞玉琢开，拥有了良好的教养，还有与生俱来的自信。这个“乡巴佬”成了出类拔萃的人，但他的个性中有一个棱角从未被磨平，那就是他的野心。从那个时期的照片看来，多布斯令人称奇的是他的眼神：明亮，热烈，坚定，充满渴望，从某个角度看甚至有些凶狠。

糖浆的需求量逐年大幅增加，然而制作过程却基本保持不变。用铜壶熬制水、糖、咖啡因和焦糖，将防腐剂和香料添加到冷却的水箱，最终产品装入坛子、小桶和大桶，并由船、马车和火车进行运输。当然真正令人兴奋的挑战在于销售和广告，而这项工作深深地吸引着多布斯。

弗兰克·罗宾逊和山姆·多布斯为促销可口可乐费尽心机。他们除了发放大量免费“品尝券”，让成千上万的人来到冷饮店品尝可口可乐外，罗宾逊和多布斯还策划了一系列促销活动，旨在使可口可乐家喻户晓。他们找到亚特兰大的独立广告牌设计师埃德·格兰特，设计了油布横幅广告，固定在大多数药店都装有的遮阳篷的周围。红字白底的商标，（还配有蓝色的标语“美味又提神”），提醒人们他们需要一杯可口可乐，并且告诉他们在哪里能买到。

1894 年，艺术家吉姆·库登在乔治亚洲卡特斯维尔的一家药店的一面墙上画出了可口可乐的标志，这是两万个可口可乐墙标画的第一个，这些墙标画后来成了美国的一道景观。罗宾逊和多布斯计划用一年时间让“可口可乐画”的在中西部地区的每一个仓库外墙上出现。阿萨·坎德勒曾说：“1901 年，当我看到麦金利总统的送葬队伍从纽约走到俄亥俄州的照片背景是可口可乐标志时，我意识到我的产品已经获得同全国性的声誉。”

在冷饮店内部，罗宾逊和多布斯还准备了许多纪念品、海报、托盘和其他物品，上面都印着“可口可乐”的标志，意在引起顾客的注意并让他们不假思索地购买。公司购买了当红女演员莉莲·拉塞尔照片的版权用于宣传，例如在她手边画上一杯可口可乐，然后印刷成五千份海报分发到各个冷饮店。早在“冲动消费”成为广告业行话之前，罗宾逊和多布斯已本能地意识到，他们可以将可口可乐卖给那些刚走进店里时并不打算买的人。

为激起人们的购买欲，公司准备了成千上万的陶瓷糖浆缸、时钟、金属标志、海报、托盘以及贴花，确保顾客无论转到哪个方向，“可口可乐”标志都会出现在他们的视线里。很快，店主也发现了销售可口可乐的好处——它能吸引顾客把钱花在其他商品上。与此同时，公司还走上街头进行宣传推广，销售人员把成千上万的记事簿、镇纸、日历和其他纪念品赠送给了愿意接受的人。

1890 年代以来，多布斯逐渐接管了销售经理的工作。尽管罗宾逊仍保留着头衔，但多布斯负责实际工作，并由他来培训销售人员，安排他们的行程，填写他们的订单，将广告材料装进金属箱，运送到沿路的火车站。

多布斯对自己十分严格，对员工的要求也很高。除此之外，多布斯还希望他的推销员向冷饮店展示如何正确安装可口可乐设备，这项工作通常需要俯身爬到布满潮湿的蜘蛛网和沙砾的冰柜下面，检查冷藏库和制冷线圈，确保碳酸饮料够冷。因为温的可口可乐人们是不愿接受的。

作为辛勤工作的回报，多布斯为他的推销员向亚特兰大总部争取着利益。马车时代很快过去了，员工们希望公司能配备汽车，然而阿萨·坎德勒似乎执着于旧的方式，拒绝铺张浪费。多布斯经过多年终于说服了他的叔叔，为纽约市的推销员购买了小批量的自动机车，他还把自己的车送给了芝加哥的员工。

除了热爱工作，多布斯要求员工尊重工作、忠于工作。可口可乐销售人员赚着微薄而稳定的每周 12. 50 美元的工资，还有津贴，而多布斯确保他们知道自己是掌控他们生计的人。多布斯逐渐使自己成为“销售人员与公司总部联系的唯一渠道”，推销员回报他的是绝对忠诚。有一个推销员曾回忆说：“多布斯是一个天生的领袖，一个非常有吸引力的男人，活力十足，还是一个出色的演说家。”

多布斯还有其他任务。推销员最难的工作就是不让商人买到廉价的假糖浆。随着可口可乐的人气上升，一些小商小贩也开始兜售可口可乐仿制品，试图冒充真的可口可乐糖浆。

商业道德感极强的阿萨·坎德勒痛骂破坏可口可乐公司声

誉和利润的“寡廉鲜耻的强盗”和“无赖”，但他只是用最原始的方法来对付模仿者：他希望他的销售人员用拳头来保护公司的利益。

但多布斯认为“大打出手”的观念早已过时了。实际上，多布斯对公司的失望感越来越强烈。他发现几乎所有生产设备都需要更新才能实现现代化，然而公司到处充斥着惰性，人们仍遵循着过去的成功经验，不愿意改变。多布斯相信假冒伪劣问题的解决方案不是在街上争吵，而应诉诸法律。

推销员不是唯一需要法律帮助的人。1899 年，在多布斯第一次提出建议后的十年，阿萨·坎德勒终于让步了，同意让个体经销商装瓶销售可口可乐。全国各地的小商人都在集资购买装瓶设备，最终却发现那些盗用可口可乐名字的竞争对手严重损害了自己的利益。

一时间仿冒品从几十种发展到数百种，这些名称与可口可乐很相似的产品一时间疯狂地涌入市场。其中在北卡罗来纳州新伯尔尼，药剂师凯勒·布莱德汉姆正在制造一种名为“百事可乐”的饮料。

造假者的厚颜无耻让人汗颜，但多布斯无心取笑他们的举动。他迫切地想起诉他们，并私下里他抱怨他的叔叔坎德勒和约翰对于这些“明目张胆的侵犯无动于衷”。坎德勒致力于在法律和政治上对抗威利医生和政府部门，但多布斯担心的是仿冒品会占领市场，影响可口可乐的销售。

世纪之交时，罗宾逊五十四岁，多布斯三十一岁。新时代开启了，1902 年，公司花费 10000 美元在《芒西月刊》上投放广告，这是公司第一次在杂志上投放广告，多布斯很想负责这项工作。罗宾逊和多布斯开始为公司广告的规模和范围争执，场面越来越难堪。多布斯此时已成为公司董事，他开始将他与罗宾逊的争执带到董事会上，让阿萨・坎德勒裁决。起初罗宾逊总是占上风，但随后风向变了。

使多布斯最终打败罗宾逊的是在 1902 年公司任命外部广告代理一事。圣・艾尔摩・马森盖尔是罗宾逊的老朋友，他在亚特兰大独自经营一家广告设计店。为求创新，马森盖尔开始起用适龄的体育明星代言可口可乐。例如 1903 年，自行车骑行冠军杰克普林斯在报纸的广告上宣传可口可乐。马森盖尔还会撰写广告语，这些广告语像是运动员直接说给读者听的。“其他选手可能会喝威士忌、啤酒或葡萄酒，”棒球明星纳・拉乔伊说，“但我不喝这些。”拉乔伊首选可口可乐。

马森盖尔创建生活场景，试图让可口可乐成为日常活动不可或缺的一部分。与之前呆板的静态广告不同，马森盖尔的广告表现出戏剧性，例如他会描绘真正的顾客在休息时排队购买可口可乐的情形。他的广告插图展示出人们疲劳而口渴的场景，展现人们使用产品的状态。马森盖尔认识到汽车时代的到来所带来的机遇。他设计出一系列开创性的广告，其中一则是一群司机停在路边餐馆，一个穿白袍的服务员托着满满一盘可口可乐出来，“让干燥的喉咙活过来，让疲惫的身体充满活力，让疲倦的大脑飞速运转”。他认为可口可乐公司的目标顾客是所有社会阶层的人。

多布斯同意必须改变原有的广告风格和技术，但他认为罗宾逊和马森盖尔所做的远远不够。在多布斯看来，可口可乐广告应该“吸引人眼球，用插图讲故事，然后用好听、易记的广告语让读者记住这个故事，给他们一个购买可口可乐的理由”。多布斯承认可口可乐是一种饮料，“但它难道仅仅是饮料吗”？

销售策略的差异还不是真正的问题。罗宾逊和多布斯在广告上的冲突恰好发生在阿萨·坎德勒开始慢慢退出公司的日常运营时。坎德勒的不干涉态度使管理层出现了权力真空，很明显，罗宾逊和多布斯实际上是在竞争可口可乐公司未来的经营权，获得广告上的决策权是掌控整个公司的关键。

多布斯很可能被野心蒙蔽了。他毫不掩饰自己对权力的渴望，使得公司和坎德勒家族里的每个人都知道他多么想登上权力的顶峰，许多人对此深感厌恶。多布斯的亲戚仍然以轻蔑的口吻称呼他为“萨米”，这个名字代表着他曾经卑微的出身。在他们看来，多布斯想要凌驾于温柔忠诚的弗兰克·罗宾逊之上的念头是很过分的，当然，他要凌驾于他们自己之上的想法更是令人恐惧。

因此，1906年当阿萨·坎德勒让多布斯负责可口可乐的广告业务以平息争端时，整个公司都非常惊讶。坎德勒决定给多布斯一个机会，看他在公司的广告预算内能做出什么样的成果，多布斯将这次机会利用得相当充分。虽然他不用马森盖尔的确是出于私心，但他成功地发现了一个冉冉升起的广告界的新星

——比尔·达奇，比尔·达奇在接下来的半个世纪里将代表可口可乐创造历史。

比尔·达奇是个天生的推销员。他认同多布斯的观点：可口可乐广告应该创建场景吸引人们，使其成为日常生活的愉快插曲。达奇在圣路易斯分类电话簿中投放了这样一则广告——“无论阶层、年龄和性别，所有的人都喝可口可乐”。这句话可以代表他为公司设计广告的思路。像马森盖尔一样，达奇也认为应该用插图展现生活片段，但他同时还能写出更打动人心的广告文案，使图画变得鲜活起来。在他为可口可乐设计的第一则报纸广告中，达奇画了一幅棒球明星泰·科布挥棒击球的图，并配文：

> 情况一定会有所变化。每个人都紧张、不安、非常激动、头晕目眩。打爆它！！好样的，泰！！没问题！！你喊到沙哑。当你浑身发热、口渴无力时，一瓶冰爽的可口可乐会让你重回赛场，让你缓解干渴、恢复冷静。

达奇赋予广告以故事性（还有兴奋感），在这一点上他超越了之前的所有广告。他的广告具有普遍吸引力，唤起了人们的基本情感。达奇深谙人性。

在达奇之前，可口可乐广告画中的女性要么是天真少女，要么是死板的演员。达奇接管之后，模特们都是年轻而有活力的，不仅格外美丽，还有诱人的、风情万种的个性。达奇把这些美女带入可口可乐的广告中，以制造浪漫的概念。

达奇喜欢新鲜而夸张的事物。1908 年，他在宾夕法尼亚铁路旁建了一个栩栩如生的广告牌，火车上的乘客从费城到纽约一路都可以看到一位戴白帽的店员从一个大陶瓷壶里倒出像是真的可口可乐（实际上是通过一个两英寸的水管从附近的城市主管道抽的水）。一年后，达奇租了一个飞艇，缓缓飞过华盛顿特区的上空，飞艇两边装有巨大的可口可乐标志。

采用高质量的纸张和四色印刷技术的大众传播杂志的出现，给了达奇展现才华的绝佳机会，他可以通过流行艺术向大众宣传他的产品。到 1910 年，公司每年给他 225000 美元购买《周六晚报》、《科利尔》以及《好管家》的整幅版面。马森盖尔看到自己的作用越来越小，工作仅仅是在宗教出版物上投放广告，最终他彻底失去了在可口可乐公司的位置。

尽管多布斯取得的是主管销售和广告的权力，但他同时也迅速地将注意力转向公司的其他业务。1906 年 1 月，哈罗德·赫希成为约翰·坎德勒的律师事务所的合伙人，他立即与多布斯达成共识，认为公司应该寻求法律保护，摆脱假冒伪劣产品的冲击以及商标侵权。如同在广告方面与达奇建立的有效的合作关系，多布斯和赫希在寻求公司法律政策的改变上也结成同盟。赫希是一位才华横溢、斗志昂扬的律师，渴望用法律武器打败可口可乐的敌人。

赫希出生在亚特兰大显赫的犹太家庭，年轻时就表现出强烈的好胜心。赫希不屑于继续家族的服装生意，1904 年在哥伦比亚大学获得了法律学位，在乔治亚州最高法院做法官时引起了约翰·坎德勒的注意。赫希成为了坎德勒的高级合伙人，当时他只有24岁。

1905年美国国会通过了《商标法案》，致力于改变在商品名称和商标使用领域混乱的法律现状。这是联邦商标法有史以来第一次明确表示适用于州际贸易，使得公司有机会在美国地方法院起诉侵权人。坎德勒认为新法律具有不确定性，担心法院可能要用几年时间去解释新法案，不能保证公司对“可口可乐”的商标专利权得到最终保护。但在多布斯的敦促下，赫希将老一辈的疑虑放在一边，继续自己的行动。

赫希发现南卡罗来纳州的两个装瓶商制造劣质产品并使用“可口可乐”标签，便向联邦法院起诉，并在1906年的春天争取到了第一个禁令。虽然这两个生产商兜售假糖浆只赚了125美元，但这根本不是重点，赫希的目的是释放出一个信号：公司不再容忍假冒伪劣产品以及侵权行为。赫希还起诉了宾夕法尼亚州的托卡可乐、路易斯安那州的可可乐和伊利诺斯州科斯可乐的制造商，都赢得了胜利。多布斯则以广告宣传来支持新的法律策略，他在广告中呼吁消费者支持“真正的”可口可乐。

在20世纪的第一个十年，多布斯继续巩固他作为阿萨·坎德勒首席助理的地位。约翰·坎德勒和哈罗德·赫希准备与威利在法庭上最后一搏时，在同样重要的公共舆论领域，多布斯成为可口可乐公司最有力的发言人。为使可口可乐摆脱最后残存的一点专利药品的痕迹，1909年，多布斯设法成为“美国广告联盟”的主席，并发起了“广告真实性”运动，宣扬“干净、真实、诚实的广告”（同时将可口可乐公司与这些美德联系起来）。一个曾经过分吹嘘产品功效的公司在短短几年之内开始努力成为道德模范，这种巨大的转变很大程度上要归功于多布斯。

鉴于出身的卑微，多布斯的崛起是令人瞩目的，而对比阿萨·坎德勒自己的孩子的失败，事情就显得更富有戏剧性了。多布斯可以灵活熟练地执行各种任务，而坎德勒的长子霍华德恰恰相反。他只对制作可口可乐糖浆的物理过程感兴趣，在其他事务上却显得笨手笨脚。

鉴于霍华德为人软弱而坎德勒的其他四个孩子也缺乏商业天赋，多布斯相信他注定要继承并经营叔叔的公司也就不足为奇了。多布斯私下里开始称可口可乐为“我们的孩子”“我的孩子”，他产生了一种保护欲，深信自己是下一代中唯一一个能够领导企业的人。销售和广告的权力已经尽在囊中，其他业务的管理权也逐步落入他的手里，多布斯此时已经成为公司实际上的总裁，只缺少头衔（坎德勒仍保留着）来真正实现他的权威。

多布斯不知道的是，阿萨·坎德勒在内心深处仍然支持自己的儿子霍华德。阿萨一直在敦促霍华德拓宽对生意的理解，做好接手的准备，但这些内容只出现在他们父子的私人谈话和通信中，而不是在办公室或家庭会议这种公共场合。在多布斯看来，他是公司的高管，而且他相信别人也这么认为。

多布斯以及其他人都知道，坎德勒也同意大家对霍华德的看法，认为他是一个“安静、善良、和气的人”，一个或许尽心尽力但明显缺乏经营公司天赋的人。尽管如此，坎德勒还是慢慢说服自己，霍华德应该成为他的继任者。

在写给弟弟沃伦的一份机密信件里，坎德勒透露他打算在1913年12月退休，他的计划是让霍华德成为新总裁。没有材料证明为什么坎德勒放弃多布斯而选了霍华德。毫无疑问，血缘的亲疏是决定性因素。没有一个父亲舍得抢走自己儿子想要的工作送给他的表兄弟，而霍华德想成为可口可乐公司的总裁。此外，坎德勒还考虑了另一个因素：气质的问题。

多布斯走向痛苦的觉醒。他成为公司总裁的毕生目标即将被夺走。因为出身而失去机会是很残酷的，但更残酷的是在这样的情况下他必须继续工作。他代表公司取得的最出色的成绩，他在广告和营销方面的成功，他在领导公司战胜最严峻的法律和政治挑战时所做的贡献，他在看到可口可乐效益蒸蒸日上时的满足——所有一切似乎都成为惹怒坎德勒的理由。多布斯将自己打造成接手可口可乐的完美人选，却发现坎德勒一点都不在乎那些让人在生意上有所成就的品质，或者至少认为这些品质远没有谦虚和无私重要。

从1913年到1914年再到1915年，坎德勒不断延迟退休，推迟霍华德的继任。他对公司的前景越来越失去信心。公司被政府上诉到美国最高法院，坎德勒担心他很可能会输，而他出售公司的想法也因此被无限期搁置了。新税法使他不得不为剩余利润上税，尽管在慈善事业上他花费了数百万美元，坎德勒仍然担心未来几年公司没有足够的发展资本。

坎德勒始终举棋不定，直到1916年1月21日，他在年度股东大会上简短地宣布，他的儿子霍华德将继任公司总裁。

在公开场合，多布斯继续为公司尽忠职守，但他内心的不满已显而易见。他开始只要有机会就离开亚特兰大，在霍华德就职几周后，多布斯通知公司同事，今后他将在纽约办事处处理邮件。他开始寻找扭转自己命运的方法。

只要阿萨·坎德勒还拥有可口可乐公司的所有权，多布斯就无能为力。霍华德成为总裁时，坎德勒持有已发行的500股中的391股，保持绝对控股权，使可口可乐成为一家寡头控股的家族企业。剩余的109股均由坎德勒家族成员及弗兰克·罗宾逊持有，其中多布斯持有23股，包括霍华德在内的坎德勒的五个孩子每人持有5股。

坎德勒出售公司的计划一直冰冻数年。他的儿子接管公司之后，一切都处于平稳上升的趋势，如果不是意外突然降临，坎德勒或许会永远保持现状。但法律清算的日子终于到了，1916年5月22日，美国最高法院对查特怒加的案件做出判决，全面推翻了桑福德法官此前的判决结果。

大法官查尔斯·埃文斯·休斯对下级法院的直接判决大加嘲笑，正如哈罗德·赫希所担心的那样。可口可乐公司曾巧妙地辩称咖啡因不能作为非法“添加”成分，因为它一直是汽水配方的一部分，对此桑福德法官表示同意。但大法官休斯不这么认为。“如果这是这样，”他挖苦道，“法律将沦为谬言。例如，生产商可以任意将砒霜或其他有毒有害的成分添加到食物中而不会被追究法律责任，只要他们说是按配方添加这些成分的，再给他们的产品起一个稀奇的名字就行了。”

对于桑福德法官的第二项判决——非法使用商标的问题，休斯的反对更为激烈。桑福德判定公司有权使用“可口可乐”作为产品名称，即使其中的古柯和可乐含量几乎可以忽略不计，因为二者仅仅是作为商标组合在一起。对此休斯同样大加嘲讽，他写道：“这样一来，生产商就可以把一种既不含香草也不含巧克力的产品称为‘香草巧克力’，虽然他不能把不是香草的产品命名为‘香草’，或者把不是巧克力的产品命名为‘巧克力’。”最高法院判定，桑福德法官的直接判决完全是越权行为。案件应该由陪审团审理，政府有权要求重审。

最高法院的判决引发了阿萨·坎德勒新的紧迫感，他开始加紧谈判出售公司。

坎德勒提高了要价。鉴于公司自成立以来销量、收入和利润逐年上升，从未间断，公司要价被提升到原来的三倍。坎德勒指示哈罗德·赫希通知他的岳父山姆·布朗，坎德勒家族将以2500万美元的价格出售公司。布朗和赫希又将消息转达给他们的投资者。

坎德勒提出的谈判条件极为不同寻常（反映出他的焦虑）：公司重组后，他的家族将持有价值1500万美元的股票，但剩下的价值1000万美元的股票，他计划以500万美元现金的价格出售。这意味着坎德勒愿意拿出500万美元——他全部财产的五分之一，几近天价，奖励给能解决或操控查特怒加案件的人。

1911年到1913年出售谈判期间，赫希和布朗曾得到专攻公司合并案件的律师马克斯·帕姆的帮助。在帕姆看来，公司的前景并不像坎德勒认为的那么黯淡。1916年阿萨·坎德勒重启谈判，帕姆迅速联合纽约的投资公司，表示同意坎德勒的条款，包括2500万美元的要价。

但交易并未达成。

8年以来阿萨·坎德勒一直想摆脱自己的公司，现在一个有吸引力的价格摆在面前，他却突然犹豫不决。1916年，经过两次家族闭门会议协商，他拒绝了马克斯·帕姆的交易。

坎德勒没有留下一个字的解释，但有许多线索能告诉我们发生了什么。坎德勒的第二个儿子小阿萨是一个非常古怪的年轻人，他对可口可乐没有一点兴趣，但非常想继承他父亲的办公楼，包括位于亚特兰大和纽约的印有家族姓氏的气派的摩天大楼。他拒绝将坎德勒家族的房产与汽水生意一起出售，他的父亲试图满足他的要求。虽然可口可乐公司的会议记录很简略，但还是能看出阿萨·坎德勒安排其他股东以名义上的价格将公司的房产“卖”给他，然后将这些房产从可口可乐公司的账本上剔除，放在一个由小阿萨单独经营的公司名下。

这一举动严重地破坏了坎德勒家族与马克斯·帕姆的协议。帕姆和他的支持者愿意以500万美元现金进行交易的原因之一，正是他们相信即使可口可乐公司倒闭，其房产仍能使他们有机会收回部分或全部投资。坎德勒试图重启谈判，但最有价值的财产已经没有了，帕姆撤回了协议，这笔交易彻底结束。

历时一年多的法律和金融纠纷使公司退而求其次仅关心生存问题。与此同时，公司还陷入了战争带来的巨大困境中。

1917 年 4 月美国对德国宣战之前，政府就开始对各种食品尤其是糖实行定量配给，后来又对糖浆销售征收特税，一系列行动严重挤压了公司的生存空间。1917 年春天，多布斯在给一个销售人员的信中写道："我们现在很难得到足够数量的糖和其他材料来维持正常开工，即使我们能够获得原材料，以这样的价格，几乎没有一点利润。"

面对这样的局面，阿萨·坎德勒的态度是听天由命。"不要为缺乏原料而困扰，"他建议霍华德，"我已经接受在战争期间没有盈利的事实了。"而霍华德担心的是，赚钱的目标可以暂时放在一边，但对于公司数以百万计的忠实客户来说，不论有没有战争，他们都需要他们喜爱的饮料，因此霍华德会尽全力保证产量。

多布斯全心全意投身到维持公司生存的行动中。在 1917 年的大部分时间里，他和赫希多次前往华盛顿，为公司争取到了特许分配的和前一年数量一样的糖。实际上销量还有小幅上涨。但是深秋是全国各家各户制作罐头的季节，政府预计糖的需求量将会上升，因此食品管理局局长赫伯特·胡佛下令，1917 年最后两个月里糖浆制造商的糖供应量减半。公司试图用甜菜糖、葡萄糖和其他替代品填补缺口，但库存只能维持 10 天，显然到

11 月中旬生产将会受到严重影响。

1918 年春天，胡佛放松了糖的配额限制，可口可乐得到的配额相当于前一年的 80%。公司的销量从 1917 年的 1200 万加仑下跌到 1918 年的 1000 万加仑，利润如阿萨·坎德勒预测的一样微薄，但重要的是可口可乐幸存了下来。1919 年所有限制措施解除后，公司得以满足在战争年代积累的大量需求，销量几乎翻了一倍，达到近 1900 万加仑，约 25 亿瓶，相当于所有美国人每人每年三十瓶。

至少从表面上看，可口可乐公司经受住了严峻的考验，可以迎来一段时间的安宁和新的发展。1918 年 11 月 12 日是个特别令人鼓舞的日子，那是停战后的一天，哈罗德·赫希最终解决了查特怒加案件，桑福德法官做了简短声明，指出公司对生产过程进行了“一定修正”，并终止了诉讼。公司支付诉讼费用，政府还回九年半前扣押的 40 大桶和 20 小桶的糖浆。

从表象看来，可口可乐公司像之前一样继续生存。1919 年初，坎德勒购买了北方大道和梅街的转角处的一块土地，计划建设新的工厂和办公楼。这将是可口可乐的第九家基地，也是到目前为止最大的基地，反映出战后市场的繁荣以及公司健康的发展。

然而幕后的真相是，坎德勒家族的事务变得越来越棘手。似乎不论怎样安排可口可乐公司，都没有办法满足家族中每个人。1917 年的圣诞节，坎德勒把股份分给了他的妻子和五个孩子，自己只保留了 7 股。在 1918 年 2 月 14 日可口可乐的年度股东会议上，新股份已记录在册。坎德勒的妻子莉齐拥有64股，霍华德、小阿萨、露西、沃尔特和威廉每人拥有69股，享有控股权。

山姆·多布斯一无所获。除了他已经拥有的23股，他呕心沥血创造的财富连一星半点都没有继承到。

遗产分配后，阿萨·坎德勒进一步退出公司经营，他宣布将在1919年1月1日回归个人生活。

1919年5月的一次公司常规董事会议上，山姆·多布斯大胆提议审计公司账簿。他解释说，这样可以让税务专家确信公司向联邦政府交纳了足额的税款，建议听起来合情合理，坎德勒欣然同意，并授权多布斯负责。多布斯聘请了哈斯金斯·塞尔斯会计事务所开展工作。

没有人知道审计背后的真正目的，而真相是这一切和纳税没有任何关系。多布斯在私自协商出售可口可乐公司，他需要核实企业的财务状况。多布斯必须对自己的意图保密，因为他找到的买方是一个阿萨·坎德勒厌恶的人——欧内斯特·伍德拉夫。

伍德拉夫是乔治亚州信托公司的董事长。在亚特兰大，他以精明和冷酷闻名。伍德拉夫也知道阿萨·坎德勒对他的反感。1912年伍德拉夫曾告诉一位合伙人，他有意收购坎德勒银行并入信托公司，但合伙人警告他坎德勒永远不会和他做生意。所以当伍德拉夫的目光转向可口可乐公司的时候，他对自己的参与保密也就不足为奇。

山姆·多布斯是欧内斯特·伍德拉夫的密友，在信托公司拥有大量资产，1916年加入了银行的董事会。当伍德拉夫问到购买可口可乐公司的可能性时，多布斯后来回忆说："我告诉他，我认为也许可以，我很希望能把它卖掉。"

多布斯同意对伍德拉夫的参与保密。为避免无意的泄露，他们决定在纽约华尔道夫酒店举行秘密会议，并很快就交易的主要细节达成共识。多布斯提供了审计的结果，让伍德拉夫相信要价2500万美元是合理的。

但信托公司无法独自完成这笔交易。当时银行的净资产保守估计有200万美元，显然伍德拉夫必须在华尔街找到合作者，并造成合作者才是实际买家的假象，从而隐瞒自己的角色。伍德拉夫心中刚好有一个人选。

尤金·斯泰森是乔治亚州霍金斯维尔人，在北方从事银行业，担任实力雄厚的担保信托公司的副总裁。斯泰森帮助伍德拉夫召集了纽约投资者联盟，他们愿意承担收购的主要部分。斯泰森还同意出面与坎德勒谈判。没有证据证明斯泰森曾公开说谎，但他给坎德勒留下的印象确实是，他就是投资者联盟的领导者，而他所在的担保信托公司是此次收购的主要投资机构。

多布斯没有刻意隐藏自己在这场交易中的角色。相反，他与哈罗德·赫希结为同盟（赫希也是信托公司的董事），他们一起努力说服坎德勒家族的成员这笔交易对他们很好，也能保证公司未来的最大利益。

1919年7月下旬，一位名叫罗伯特·阿尔斯通的亚特兰大律师获得了阿萨·坎德勒的五个孩子的签字，同意出售他们的股票期权。很难解释为什么坎德勒家族的成员们对交易细节漠不关心，也许是因为过去几年毫无结果的谈判已经让人失去了耐心。然而有一点是确定的：阿尔斯通代表的不是斯泰森，而是他的挚友欧内斯特·伍德拉夫。霍华德后来在信中写道，当阿萨·坎德勒得知他的孩子们将公司的控制权卖给了伍德拉夫时，“他非常震惊，尤其令他懊恼的是，这件事发生时竟然没有一个人找他商量，向他透露消息，或在确定细节和条款时征求他的意见”。

1919 年 8 月 2 日，伍德拉夫召集了一次银行董事会特别会议，董事们对他们打算收购可口可乐公司的消息一片茫然。伍德拉夫的巨大野心让他们感到可怕：他想让银行冒险赌上全部资金，试图吞并一个规模大出十倍的公司。

立即有人反对伍德拉夫的计划，其中最重要的是对可口可乐法律地位的重新关注。1919 年 2 月，查特怒加的案件刚刚过去三个月，旧金山的美国巡回上诉法院在一起可口可乐公司起诉模仿者的民事案件中，判决可口可乐公司没有权利阻止他人模仿其商标，除非美国最高法院推翻这一判决，否则会有成百上千的名称相似的饮料涌入市场，可口可乐很可能被淹没其中。

伍德拉夫向董事会再三保证，他咨询了赫希和其他律师，他们相信公司在高等法院会支持可口可乐公司，但董事会仍然犹豫不决。此外还有另一个困难。董事会拒绝继续合作，除非信托公司的投资至少有一半可以获得“有偿付能力的个人、公司或组织”的担保，也就是用别人的资金来担保。

对于伍德拉夫而言，董事会的“顽抗”产生了一个新问题：时间。他对坎德勒家族的股票期权到8月28日截止，这使他仅有不到一个月的时间安排融资、行使期权、完成交易。

交易的第一部分是给坎德勒家族的支付款，内容相当简单：坎德勒家族已经同意接受1500万美元现金和1000万美元的优先股，每年有7%的分红。在伍德拉夫和纽约银行家看来，目前最迫切的任务是筹集1500万美元现金。董事会提出一个计划，在特拉华州成立一家全新的可口可乐公司，公开发行股票。他们打算以每股40美元的价格出售50万股，盘算着如果他们按要价卖出所有股票，他们就能筹集到2000万美元，净赚500万美元。

但伍德拉夫和他的合作伙伴做出了关键性的决定。他们不想迅速获利然后一走了之，他们想要保留公司股份。伍德拉夫认定可口可乐前景乐观，而且他坚信他能找到大幅提高利润的方法。伍德拉夫在纽约反复会见斯泰森和其他银行家，并和他的助理制定出一个复杂的、高度机密的计划，使他们保留尽可能多的股票，同时筹集到需要支付坎德勒家族的现金。他们将控制公司的大部分股份，并且几乎没有代价。

但此时在纽约出现了一个意料之外的问题：斯泰森和他的同事想暂停交易。伍德拉夫气坏了。如果错过了最后期限，这场交易几乎不可能恢复。坎德勒家族现在彻底意识到伍德拉夫才是这场交易的主角，这件事本身就足以破坏未来所有的谈判机会。如果伍德拉夫在 8 月 28 日前不行使期权，他就完了。

此时，信托公司的亚特兰大股东对伍德拉夫表示大力支持。无论他们有怎样的恐惧，他们似乎仍然醉心于成为传说中的可口可乐公司的持股人。他们四处游说各大企业，很快筹集到近 200 万美元。

最后事情终于变得顺利起来。亚特兰大的报纸在头版头条报道可口可乐公司出售给信托公司财团的新闻，伍德拉夫和他的合作伙伴静观新公司普通股的公开发行情况。1919 年 8 月 26 日，他们向全国各地的代理商和银行开放一天的证券认购。下午 3 点，41 万 7 千股全部被预订，此外还多出 14 万股。几周之内手续就能办齐，然后代理商会将股票转手公开出售，他们完全有理由相信公众对可口可乐的股票也会抱有同样的热情。人们会去买新可口可乐公司的股票，支付每股 40 美元，也许更多。这笔交易即将成功。

在这个环环相扣的过程中，信托公司公布的募股章程中有一套稳定人心的说法："（可口可乐）公司的成功运转和快速发展取决于目前的管理，公司目前的管理现状将继续保持。"这听起来很像是承诺坎德勒家族将继续负责管理公司。

但事实并非如此。霍华德·坎德勒成为新可口可乐公司的董事长，但董事会在处理公司事务时没有最终决策权。实际上它几乎没有任何权力，因为财团为了保证利益的"完整性"，已经暗地里委托了全部股权。三个受托人将持有可口可乐全部 50

万普通股的代理权，这使他们拥有对公司的绝对控股权，其中两个受托人是欧内斯特·伍德拉夫和吉恩·斯泰森。第三个是可口可乐的新总裁，山姆·多布斯。

第四章

伍德拉夫时代

新可口可乐公司诞生于纽约百老汇街一家法律事务所的会议室。

霍华德·坎德勒曾经对公司被卖的阴谋毫不知情，但是现在与他的合作是至关重要的。因为如果他发起冲突，甚者暗示这是一场欺诈，就会引起投资者的恐慌，扰乱可口可乐普通股的发行。他会毁了一切。

毫无疑问他是沮丧的。虽然他原本是公司的总裁，但是他对交易、股权委托、信托、交易的幕后主使一无所知。当然，他也不知道自己为什么会被山姆·多布斯取代。

1919 年 8 月末到 9 月初，伍德拉夫和信托公司的董事们行使了对坎德勒家族的股票期权后，开始采取行动以赢回霍华德的信任，说服他加入这个新的团队，一起合作。霍华德妻子弗洛拉的哥哥汤姆·格伦进入了新公司的董事会，这件事给了霍华德一些信心。格伦是与伍德拉夫关系最密切的合作伙伴之一，他努力劝说霍华德，虽然伍德拉夫的名声不佳，但他其实人还不坏。

也有一些强有力的经济因素阻止了霍华德制造“麻烦”。霍华德及家人的优先股收益取决于公司的经营状况，制造“麻烦”会危及他们的财富。最终让霍华德决定合作的是一个简单的承诺，那就是他仍然是被需要的，他仍然有一份工作去做。

董事会成员们很快选他为董事长，这是他们一直以来的计划。随后他们做出一个不同寻常的举动：修改公司章程，规定霍华德的权力与新总裁多布斯的一样，他们的工资也一样，都是25000美元。霍华德将继续负责公司的生产业务。

可口可乐股票公开发行的第一步——证券认购已经顺利完成，所有股票在一天之内被预订。现在第二步正在进行，代理商将股票卖给个人投资者。如果人们愿意以40美元的价格购买股票，伍德拉夫和他的合作伙伴就能大赚一笔。

伍德拉夫也在交易中有个人股份。他储备了2000份5美元的股份作为长期投资，同时银行的董事们分配给他2万股可口可乐的普通股，让他自己投放到市场上，作为对他筹划整个交易的奖励。

伍德拉夫想要也必须以尽可能高的价格将新可乐公司的股票出售给尽可能多的人。他在银行门口亲自兜售股票。在伍德拉夫的催促下，他的几个最亲密的朋友购买了大量可口可乐公司的股票。当然，并不仅仅是有钱人参与其中，信托公司和可口可乐公司的员工也拿出他们工资的一部分投入到可口可乐公司股票中，数百名更小的投资者东拼西凑或四处借钱，想尽办法购买尽可能多的可口可乐的股票。

股票销售结束时，每一股都卖出了40美元或更高的价格。近一半的交易集中在亚特兰大地区，据估计有1500人参与。其余的交易零散分布在华尔街几十个的证券代理商及全国各地不同的投资者。这项事业可谓空前成功。可口可乐普通股在纽约证券交易所的代号是“KO”，这个名称可谓恰如其分。它确实引人注目。①

---

① KO是英文单词knockout的缩写，意为“引人注目的人或事物”。（编者注）

但此时并没有人知道可口可乐公司在破产的边缘。

公司最大的问题在于糖的供应。可口可乐的成分中有一半是糖，到1919年，公司已经成为世界上最大的白砂糖消费者，每年的糖消费量接近1亿镑。

二十年来，公司购买糖的价格基本不超过四或五美分一磅。但如此的价格控制将在1919年12月1日解除，在公司被出售后的几周内，白糖期货的价格开始上涨，然后疯狂地涨，投机者垄断了全球大部分的食糖供应，驱使糖的价格越涨越高。

公司陷入困境，生产成本在几周内增加了一倍多，几乎吞噬了公司的全部收益。然而，公众对可口可乐的需求一直居高不下，所以，无论遇到什么情况，减产是不可能的。

在新的公司里，伍德拉夫并不打算给霍华德·坎德勒或山姆·多布斯太大的权力。股票发行一结束，伍德拉夫就召开了可口可乐董事会，建立了执行委员会，掌握公司的决策权。他任命布拉德利为委员会主席，委员会随后开始负责公司的法律和财务事务。

但在产品生产方面，伍德拉夫和他的董事们仍然依靠霍华德·坎德勒。因为他负责生产十多年了，他的专业知识被认为是无懈可击的。当糖的价格猛涨的时候，坎德勒得到允许去囤积尽可能多的糖。

伍德拉夫和他的合作伙伴们别无选择。他们采取了一项政策——在库存中保持至少六十天的食糖供应量，尽管这意味着负债累累。新老板在斯泰森的信托担保银行取得了100万美元的信用额度，以唯一一份绝密的可口可乐秘方作为抵押。美国商业史上最著名的商业秘密被密封在一个普通信封中，锁在纽约银行的金库里。

伍德拉夫认为，挽救公司的一个可行办法是将损失转移到各个独立的装瓶厂，因为公司40%的销量来源于装瓶厂，伍德拉夫相信装瓶厂能收拾残局，他打算让他们这么做。

1899年，来自查特怒加两个年轻的律师本杰明·富兰克林·托马斯和约瑟夫·布朗·怀特海，向阿萨·坎德勒争取装瓶权。起初坎德勒的态度是消极的。在他看来，装瓶业仍然是一个落后的行业，可能会影响可口可乐的声誉。后来他经过仔细考虑同意了，并要求托马斯和怀特海保证产品的质量，声明如果质量不合格，可口可乐公司有权取消与他们的合作关系。作为交换，坎德勒会卖糖浆给他们，并给予他们在全国范围内免费将可口可乐装瓶的权利。但其中不包括新英格兰的六个州，因为当地的饮料批发商持有潜在的装瓶权。（密西西比州和德克萨斯州暂时被排除在外，但后来也成为交易的一部分。）这个提议令托马斯和怀特海大喜过望，他们很快接受了。

当展望1900年的前景和履行合同的挑战时，托马斯和怀特海意识到，他们不可能在全国范围内一家一家地开工厂，时间和金钱上都不允许。他们认为唯一可行的办法是建立装瓶总公司，招募其他人，给他们特许经营权，由他们负责实际的装置建造并销售可口可乐。

怀特海和坎德勒的合同中有一项规定是立即在亚特兰大开

一家装瓶厂，然而怀特海当时没有足够的资金，他决定找一个可以帮他渡过难关的新合作伙伴。他和托马斯在美国地图上画了一条线，把这个国家分成了两个部分。托马斯选择了东北部、大西洋沿岸各州及西海岸，怀特海选择了南方。

1900 年春天，怀特海和约翰·托马斯·拉普敦合伙。拉普敦用 2500 美元换取怀特海所拥有区域的一半，而怀特海搬到了亚特兰大，用这笔钱在可口可乐的诞生地开了第一家装瓶厂。

装瓶公司在最初的几年里没有太多的市场反响，而一个个肮脏、没有赢利的装瓶工厂已遍布全国各地，后来，如果不是技术上取得了明显的突破，装瓶公司很可能会夭折。巴尔的摩的机械工程师佩特·威廉发明了瓶盖并获得了专利，这种全新的密封方式带来了机械化清洗和灭菌方面的惊人进步。瓶盖的使用使瓶装可口可乐的质量立即取得提升，销量也大幅上升。

经历了艰难的开始，现在托马斯、怀特海和拉普敦发现他们正在加速建立全国性的可口可乐装瓶网络。仅 1902 年一年，怀特海—拉普敦总公司就在近二十多个南方城市开设装瓶工厂，而托马斯的工厂则分布在其余的地方。总公司在 1903 年开设了 32 个工厂，在 1904 年开设了 47 个，1905 年则创下开设 80 个的纪录。他们找到了新的合作伙伴，把整个国家划分为更小的区域，并加紧在每个城镇建立装瓶厂。

瓶装的可口可乐在全国各地的市场上销售。装瓶业取得了巨大的成功，但努力工作是需要付出代价的。怀特海于 1906 年病故，年仅 42 岁。托马斯也在 1914 年病逝，年仅 52 岁。可口可乐装瓶业传递给了新一代。怀特海的遗孀蕾蒂和他的合作伙伴拉普敦，把他们在亚特兰大总公司的日常经营业务转交给了24岁的会计维齐·雷恩沃特。托马斯膝下无子，公司由27岁的侄子乔治·亨特掌握。

这两个年轻人掌管着总公司，但此时他们并不清楚他们要做什么。总公司最初的目标是招募装瓶商去做实际的装瓶工作，然而这个目标大体上已经实现。

到1909年，全美国共有397家可口可乐装瓶厂，他们甚至有自己的月刊杂志《可口可乐装瓶业》，该杂志由坎德勒的侄子乔·威拉德出版，主要刊登专业技巧和社会趣闻。在短短十年的时间里，装瓶业已经成熟了。

在大多数城市，可口可乐的装瓶权被视为“摇钱树”。许多装瓶商发现需求太过旺盛，于是他们重新划分经营范围，将装瓶权分配给新兴的“二级装瓶商”，由这些人建立更小、效率更高的工厂。他们不需要去寻找新的装瓶商，因为申请者已经挤破了公司的大门。

装瓶总公司在其中没有明确的角色。糖浆从可口可乐公司的工厂直接运到实际装瓶厂，所以总公司甚至不必充当真正的中间人。他们只是坐在幕后，以每加仑92美分的价格从可口可乐公司买进糖浆，再加价转卖给实际的装瓶商，通常每加仑1. 2美元，整个过程只需以书面形式进行。

装瓶总公司日益增长的财富激起了亚特兰大可口可乐公司总部相当的不满，这也许并不奇怪。

多年来，可口可乐公司员工始终坚信阿萨·坎德勒将装瓶权拱手让人的行为看似愚蠢，但实际上是明智的，因为它带来了工厂的快速发展，否则这一过程可能要花很长的时间。但事实是，坎德勒真的抛弃了一些有巨大价值的东西。他和他的家人完全可以自己开装瓶总公司，招募装瓶商，或者他们可以建造自己的工厂，跳过建总公司的环节。坎德勒的钱比托马斯、怀特海、拉普敦加起来都多，他只是不相信装瓶业。他的一些伙伴——弗兰克·罗宾逊、多布斯、哈罗德·赫希都渴望进入装瓶业，但坎德勒拒绝了他们，让他们难过地看着钱被别人赚去。

南部装瓶总公司新的领导人维齐·雷恩沃特是一个例外。雷恩沃特开始努力充当装瓶厂和可口可乐公司的联系人。他明白这个行业正在发生变化，他认为未来最大的挑战是法律与政治。公司和装瓶厂必须团结起来、统一战线，这样才能生存下去。但雷恩沃特也很清楚这个目标不容易实现。装瓶商们顽固、不愿合作，许多人对可口可乐公司抱有严重的怀疑，几乎视其为敌人。阿萨·坎德勒对装瓶业的不信任从开始就惹怒了他们，长年累月他们积攒了大量的怨气。他们认为公司的广告偏向冷饮店的可口可乐而忽视瓶装可口可乐，他们抱怨公司没有有效监督饮料批发商，阻止他们将糖浆出售给非法装瓶商。

但雷恩沃特换个角度看，与装瓶商和公司共同面临的外部力量相比，这些冲突都是小问题。州立法机关始终试图颁布法案以征收饮料税，还试图将饮料中的多种成分宣布为非法。雷恩沃特组织装瓶商组成游行队伍去反击，大部分情况下成功了。

当然，最大的行动是公司与联邦政府的长期斗争。当威利博士在1909年首次提出对可口可乐的控告时，公司一个的装瓶商把赫希拉到一边，焦急地问道："哈罗德，你能让我们继续维持三年吗?"赫希认为他可以。十年后，赫希在可口可乐公司的支持下最终解决了这一案件，装瓶总公司感激地支付了一半诉讼费，高达25万美元。

同时，通过努力提高装瓶质量，雷恩沃特赢得了公司的感激。他是一个严控质量的人，会派人检查他所管辖区域内的工厂的卫生条件。如果某个装瓶厂生产出劣质的产品，他会以倒闭作为威胁，迫使对方做出改进。一些装瓶商对这种干扰很生气，但雷恩沃特很聪明，他与区域内最成功的厂商结盟，得到了他们的支持。

公司与装瓶商之间的团结意识日益增强，终于在雷恩沃特和赫希成功设计出独特的可乐瓶之后达到顶峰。当时的大多数装瓶商用的是相同的、普通的瓶子，顾客无法知道他们拿的是什么牌子的饮料。用造型特别的瓶子装可口可乐有助于市场营销，这也给了赫希另一个工具——带商标的包装——用在法庭上作斗争。如果新瓶子比普通的小一点，如果是6或6.5盎司而不是通常的8盎司，这将带来更高的利润。在赫希的敦促下，雷恩沃特组织装瓶商委员会负责挑选模型。

1913年的夏末，热浪使鲁特·格拉斯公司停产，这是可口可乐公司的装瓶厂之一。利用空闲的时间，工厂经理亚历克斯·萨缪尔森开始构思新的瓶子，一天，他突然有了灵感，他和员工共同设计了一个瓶子，这个瓶子有垂直条纹和弧形的凸起。

雷恩沃特很喜欢这个新设计。他到几家可口可乐装瓶厂进行秘密测试，经过几次技术修改，使装瓶委员会同意在所有工厂独家使用它。新瓶子很快大获成功。

在1919年坎德勒家族出售可口可乐公司之前，雷恩沃特和装瓶商们习惯于和公司友好地做生意。他们信任赫希，所以让他当他们的律师，同时他也是公司的法律总顾问。他们相信双方没有利益冲突。

在公司出售过程中，雷恩沃特欣然接受了赫希的保证，相信原有的管理仍将维持，而新的所有者将投入新资本，使公司发展达到新高度，而装瓶商的权利将受到绝对保护。

虽然从未有过正式声明，但雷恩沃特和亨特都认为他们与阿萨·坎德勒在二十年前签署的合同是永久有效、不可破坏的。他们认为公司有法律义务按每加仑92美分的价格出售糖浆，而他们可以以任意价格把糖浆出售给实际的装瓶厂。他们相信赫希同意他们的解释。

1919年11月，食糖价格开始飙升，雷恩沃特和亨特收到山姆·多布斯焦急的来信，请求他们同意公司在当前不稳定的市场环境下购买尽可能多的糖。多布斯写道："霍华德·坎德勒会负责紧急购买，公司和装瓶商可以之后解决财务问题。”因为急于缓解压力，同时也为了以最大力量保住自己的位置，两位瓶装总公司老板欣然同意。战时雷恩沃特和亨特曾同意糖浆的暂时加价，现在他们愿意再次帮助公司。只是这一次，他们面对的是欧内斯特·伍德拉夫。

1919 年 12 月 15 日，当公司新成立的执行委员会在纽约开会时，布拉德利打开了赫希的一封信，信上提议公司和装瓶总公司达成妥协，共同承担高额成本。但伍德拉夫反对，他认为没有理由放低姿态去迁就装瓶厂。他宣布他的律师已经仔细查看了原来的合同，在他们看来公司可以随时取消合同。伍德拉夫态度非常强硬，让多布斯和霍华德·坎德勒极其不舒服，但是伍德拉夫控制着委员会，并拒绝妥协。

返回到亚特兰大后，赫希将这个坏消息转告雷恩沃特和亨特。雷恩沃特目瞪口呆，他坚持说伍德拉夫不是真的要取消合同，他肯定只是想在协商中博取有利地位。

赫希不确定伍德拉夫在想什么，但他和雷恩沃特一起尝试制订一个可能通过的新提案。他们起草了一份文件，详细阐明了可乐配方中的每种成分的比例和准确的价格，以及公司的劳务费、制桶费、货运费、广告和管理费。如果公司和装瓶总公司同意每加仑 10 美分的利润，经他们计算，糖浆要按每加仑1. 35美元卖给实际的装瓶厂，相对一直以来的 1. 2 美元的价格，涨幅不小但是仍然可以承受，尤其是在糖供应紧张时期。

多布斯和霍华德·坎德勒支持这个方案，作为公司的总裁和董事长，他们期望自己的判断可以得到支持。但是他们没有想到欧内斯特·伍德拉夫的态度如此坚决。在 1920 年 2 月一次艰难的通宵会议上，伍德拉夫明确强调，他要掌控一切，所有的决定都要由他所控制的执行委员会做出。雷恩沃特和赫希的方案不可接受。在伍德拉夫的命令下，坎德勒写信给装瓶总公司，通知他们合同将于 1920 年 5 月中止。

对于此事，多布斯似乎尤其震惊。他写信给一个朋友说："伍德拉夫显然打算削弱和取代董事会的权利。"多布斯担任可口可乐公司的总裁不过五个月，已经陷入与伍德拉夫在精神上的恶斗，而且他害怕自己会在斗争中失败。多布斯与装瓶总公司并没有什么特殊关系，他只是认为与装瓶厂达成和解的做法从商业角度看是明智的。后来伍德拉夫勉强同意了他的建议，给了他一次最后的机会。

多布斯、坎德勒、布拉德利、雷恩沃特、亨特和拉普敦在亚特兰大召开了协商会议，讨论可口可乐公司的最终条件——装瓶总公司每加仑可以提成 7. 5 美分。为了总公司的利益，雷恩沃特和拉普敦勉强地接受了，但亨特反对，他怒气冲冲地离开了会场。

拉普敦和雷恩沃特撤回他们的接受，准备战斗。装瓶总公司的第一件事是寻找律师，巧合的是，他们最后找到了一个痛恨欧内斯特·伍德拉夫的人——金·斯伯丁事务所的创始人杰克·斯伯丁。

斯伯丁渴望在职场上战胜他的老对手，但他已经63岁了，身体不好，所以他选了公司中最优秀的一位年轻律师——约翰·西布利来处理案件。约翰·西布利几年前从乔治亚州的米利奇维尔来到斯伯丁的事务所，此前他在法庭上的成功给他带来了全州的关注。他在法庭上是个危险的对手，能看穿证人。斯伯丁选他作为可口可乐案中的首席律师，是信任他能力的标志。

西布利与亨特聘请的律师联手，于1920年4月14日在亚特兰大富尔顿县高级法院对可口可乐公司提起诉讼。诉状带着强烈的愤怒语气，甚至运用典型的挑衅的诉讼语言。诉状中说：经过多年的辉煌经营后，可口可乐公司已被某些“投资人和金融家”所掌控，这些人操纵股票，欺骗公众，私吞数百万美元不应得的利润。在诉状中，伍德拉夫和他的合作伙伴被说成是一群“无比贪婪”的人。

雷恩沃特相信在斗争中舆论和法律同样重要。对他来说，维持全国成百上千的可口可乐装瓶商的忠诚是至关重要的。如果多布斯和伍德拉夫说服装瓶商们取消中间人，双方直接交易会获得最大的利益，而装瓶总公司就会陷入困境。雷恩沃特认为，要想阻止这种事的发生，办法就是把多布斯和伍德拉夫描述成狡猾的、不诚实的人，只要一有机会就会用高价来欺骗装瓶商和公众。

多布斯看到雷恩沃特的战略正在实施。“装瓶总公司想方设法地让装瓶商对我们产生成见，”诉讼被提出后的几天，多布斯在给他的朋友、公司董事比尔·达奇的信中写道，“这一切都源于可口可乐公司试图没收瓶装公司的财产。”多布斯试图平息由诉讼和耸人听闻的新闻标题引发的恐慌，但他感到很挫败。他在接受亚特兰大法院采访时声称，可口可乐公司多年来维持着同样的管理，但雷恩沃特揭露了股权委托一事，宣称所有的权力实际上都掌握在欧内斯特·伍德拉夫的手中。

诉讼提出一周后，审理开始了。多布斯是第一批被传唤的证人之一，他毫无心理准备地被问到一个尴尬的问题，那就是他是如何当上公司总裁的。在律师的逼问下，多布斯透露了去年秋天发生的交易的所有细节。

审判过程中最具戏剧性的事件是，揭露了坎德勒家族曾被迫执行在 1917 年那次半途而废的收购中，与班布里奇·科尔比及欧内斯特·布朗签订的旧合同，并从伍德拉夫财团的收购款中拿出 100 万美元支付给纽约的律师。这个消息引起了轰动，尤其是在科尔比已成为美国国务卿的情况下。西布利充满暗示意味地要求赫希解释他的内兄布朗是怎样从“操控”中获取巨额利润的。赫希在此事中没有任何不正当的举动，但他有一定义务为坎德勒家族保密，即使他的沉默似乎更能证明布朗有罪，但他还是拒绝回答。

审判持续了两周，给多布斯和伍德拉夫之间脆弱的关系带来了致命的一击。公司交易的每个细节都以极尽丑化的形式曝光，伍德拉夫为之震怒。

多布斯也越来越瞧不起伍德拉夫，他向布拉德利抱怨，伍德拉夫不可能处理好此事。

案件进入新的阶段，公司一度有机会挽回局面。原告完成陈述之后，赫希迎来了反击的机会，虽然无法修复公司受损的名誉，但他所做的是全力攻击装瓶总公司的合法地位。他发现了一些证据，表明有几百个装瓶厂是在可口可乐公司直接授予的“独家许可”下运营。

阿萨·坎德勒代表公司出庭作证，宣称他从未打算让装瓶合同永久有效。他的话是有效的，毕竟托马斯和怀特海已经去世，无人再反驳他。

法官约翰·彭德尔顿开始暗示他准备做出有利于公司的裁定，毕竟可口可乐公司是城里最强大、最有影响力的企业。装瓶总公司没有继续等待审理结果，他们决定做战略性撤退。1920 年 5 月的最后一天，他们突然从乔治亚州撤诉，并在特拉华的联邦地方法院再次提出诉讼，从而保证争端会拖上几个星期。

拖延的前景使可口可乐公司极度沮丧。1920 年春天，糖的供应问题越来越严重，在五月第一周即审判期间，糖的价格涨到每磅 28 美分。霍华德·坎德勒极力想要保证持续不断的供应，他与几家大的炼糖厂和进口商签订一系列合同，以高价预订了几千吨糖，这是半年的供应量。坎德勒发现如果按原有价格将糖卖给装瓶商，公司将损失近 20 万美元，装瓶商勉强同意他们不能继续以每加仑 92 分的价格购买糖浆，因为现在生产成本已经超过 1. 5 美元。毕竟，亨特和雷恩沃特也不希望公司破产。

1920 年 6 月 10 日，在特拉华州的法官休米·莫里斯的主持下，双方同意暂时和解。在接下来历时五个月的案件审理期间，装瓶商以每加仑 1. 57 美元的价格购买糖浆，坎德勒认为这个价格是实际的成本价。双方陷入一个不安的休战期，可口可乐家族暂时恢复和平。山姆·多布斯仍然经营着公司，他打算继续向美国大众推销可口可乐。多布斯在董事会中最亲密的伙伴仍然是比尔·达奇，两个人一致认为，尽管经济困难，但广告依然重要。

一般而言，夏季之后饮料的销量会降低，随之而来的是广告预算的减少。但是多布斯想保持全年的高销量，他建议整个秋季每月花 10 万美元用于报纸广告宣传。

多布斯的雄心再度使他和伍德拉夫陷入冲突，两个人甚至不再“假装和平”相处。1920 年 7 月在纽约举行的执行委员会上，伍德拉夫明确表示，公司的第一要务是支付股民红利。伍德拉夫否决了广告计划，多布斯威胁要召开全体董事会以打破僵局，同时彻底明确是谁在经营公司。

这个计划还没来得及付诸实施，另一场经济打击降临了。1920 年 8 月初，全球的食糖市场一夜之间崩塌，价格暴跌到每磅 10 美分，本来可口可乐公司花费了 800 万美元购买糖，现在这些糖却突然贬值一半。霍华德·坎德勒犯了一个代价高昂的错误。在签订长期合同时，他打赌糖的价格会居高不下，但现在糖的价格居然跌落了。

局势明显对山姆·多布斯不利。在可预见的未来，公司最重要的任务是节省开支。除了达奇，董事会没有人对昂贵的广告活动感兴趣。

1920 年 10 月 4 日，多布斯写下了辞呈。他的总裁任期只持续了一年零两周。

董事会要求霍华德·坎德勒重新回到可口可乐总裁的位置，这使多布斯的噩梦第二次变成现实。布拉德利代替坎德勒成为董事长，伍德拉夫主宰一切。

多布斯收拾行李、装上猎枪，到加拿大西部远行，丢下了这个岌岌可危的公司。他辞职的消息以及关于他辞职原因的谣言在华尔街上到处流传，使公司股票价格降至新低。

1920 年 11 月 1 日，可口可乐公司和装瓶总公司之间短暂的和解被打破了。令装瓶商（以及大部分投资者）震惊的是，公司宣布制造糖浆的成本上升到每加仑 1. 81 美元，尽管糖的价格已经下降。很显然，高价糖的积压远远超过之前的预期，公司的损失需要更长的时间去还清——如果能还清的话。一周后，莫里斯法官判决装瓶总公司胜诉，原有的合同永久有效。可口可乐公司本计划上诉，但与此同时购买糖的损失无法再转移到装瓶商的身上，可口可乐公司股价再次暴跌。

还有一个危险正在逼近。1920 年 11 月 18 日，美国最高法院开始听取某一商标案件的口头辩论，这将决定可口可乐是否有权保护它的名字。

这个案件就是柯克（koke）案，它再重要不过。与威利博士的 10 年斗争使可口可乐的制造过程得到了法律认可，而且它的名字不构成对公众的欺诈。但商标侵权是民事问题，法院至今还没有彻底决定可口可乐是否有权起诉其模仿者并使其停业。赫希曾经在全国各地的联邦地方法院对几十个可口可乐的模仿者提起诉讼，几乎每个案件都能取胜。但当最高法院在1916年推翻查特怒加的判决时，混乱产生了。即使公司成功地解决了查特怒加案件，解除了原有的指控，法官们对可口可乐是不是合法商标依然心怀疑虑。

巧合的是，案件涉及到一个出现在可口可乐早期、几乎被遗忘的人——梅菲尔德。他是彭伯顿药师最后的伙伴，一个“倒霉的家伙”，自以为在1888年买下了可口可乐的所有权，不料彭伯顿却将其所有权转手卖给了别人。梅菲尔德最终制造出一种自称为“柯克”的软饮料，当他建立柯克公司并注册商标时，赫希起诉了他。

下级法院支持赫希和可口可乐公司。一般来说，商标案件是常识问题。一个产品不能有意地造成并利用对另一个产品的混淆。柯克糖浆的颜色与可口可乐相似，装在类似的红色的桶里，在市场上作为可口可乐的廉价替代品出售，当然它的名字也与可口可乐极其相似。它是可口可乐的绰号“可可”的谐音，二者很难区别。但是商标保护不会给予那些本身在生产和销售过程中存在欺诈行为的产品，故当最高法院推翻查特怒加的判决时，梅菲尔德的律师突然有了一个新的武器，他们向上级法院提起上诉。

最高法院裁决柯克案之前的几天，是可口可乐公司情况最糟糕的时刻。普通股跌破一年前发行价的一半，因为恐慌，投资者纷纷抛售股票。

1920年12月6日，奥利弗·温德尔·福尔摩斯法官在意见书中给出了最高法院的裁决，可口可乐公司胜利了。福尔摩斯法官写道，“可口可乐”这个商标并没有欺骗消费者，让他们对商品产生错误的认识。相反，这个商标使无数美国人知道并喜欢上了这种饮料。

这一判决结果对可口可乐家族而言当然是一个巨大的安慰，但是这并不意味着公司的麻烦完全得到了解决。公司希望能坚持到1921年，但事实上它能否坚持到新年依然是个问题。股票的价格稍有回升，随后稳定在每股仅仅20美元。1600万磅的糖使库存积压，其中大部分是高价购买的。由于销售业绩平平，产量开始有下滑的趋势。最糟糕的是，公司的命运被掌握在霍华德·坎德勒和欧内斯特·伍德拉夫手中，而这两个人却并不互相理解和信任。

一直以来，生产可口可乐糖浆给霍华德·坎德勒带来了很大的满足感，而经营公司让他极度挫败、难过。他同意重新回到总裁的位置，是为了在困难关头承担家族责任，但是多布斯离开之后，他发现自己有太多责任，面临太多陌生的商业领域的任务。更糟的是，欧内斯特·伍德拉夫竟居高临下地批判他的一举一动。

坎德勒抱怨伍德拉夫对公司经营“一再的无意义的干扰”分散了他的精力。伍德拉夫强迫坎德勒给几家零售商回扣，要求他们以 5 美分的价格出售可乐，由此给其他零售商施加压力，让他们也降价。坎德勒认为这种做法“令人反感”，并拒绝执行。

而在伍德拉夫看来，坎德勒极其“幼稚”。1921 年初春，亚特兰大和纽约的投资者为了控制公司，开始了一场紧张的经济和心理斗争。伍德拉夫是其中的关键人物，他想要一个愿意帮助他的总裁，而不是一个厌恶一切、优柔寡断的一个人。

可口可乐的股价开始回升，原因很简单：投机者打赌可口可乐公司不会倒闭。大量的可口可乐股票正在转手，大部分买家都来自纽约。华尔街和亚特兰大之间似乎正在酝酿一场南北之争。

伍德拉夫利用股权信托去控制公司的做法存在危险，部分原因是其合法性受到质疑，还有部分原因是许多股票转移没有记录，所有权流入到未知者的手里。伍德拉夫努力向坎德勒解释，如果新的所有者控制公司，原有的管理可能会被废除。但是坎德勒不能或不愿去认识这种威胁，他告诉伍德拉夫，他不明白为什么所有人都想摆脱他。

在董事会上，坎德勒希望讨论公司海外业务的拓展。他鼓动董事们在其他国家设立分支机构，此时伍德拉夫粗鲁地打断了他，示意休会。伍德拉夫说：“对可口可乐未来的幻想是好的，但这只是愚蠢的妄想。最重要的是眼下的问题。如果公司即将倒闭，或者某些人打算潜入并夺走公司，那么规划海外业务就毫无意义。”

与此同时，伍德拉夫使出浑身招数应对纽约投资者的挑战。

1921 年春天，他采取了一系列行动，许多是秘密的，大部分都很难解释，而所有行动的目的都是提升他的地位。他散布矛盾性的谣言，让股票价格下跌，以便低价买进股票。

当伍德拉夫身在纽约时，坎德勒注意到公司的股票价格有“非常快的、异常的上涨”，而“行情并没有明显的变化”。坎德勒确定伍德拉夫向金融媒体提供了机密的信息，其中有些已被篡改。一次他鼓起勇气在会面中质问伍德拉夫，但伍德拉夫只是冷冷地回答他不知道坎德勒在说什么，然后结束谈话。

1921 年 4 月，发生了一件奇怪的事，伍德拉夫告诉坎德勒纽约一个匿名的投资者想买 15 万股股票，根据坎德勒当时做的记录，伍德拉夫说他想要出售股票并筹集了 10 万股。他想让坎德勒筹集另外的 5 万股。如果事情属实，这将是可口可乐历史上一个重要的时刻——信托公司的人们打算减少损失、放弃对公司的控制，他们的总部也许会从亚特兰大迁到纽约，新的管理层和董事们会接管公司。但是事情的真相无从了解，因为伍德拉夫总是把他的真实的动机隐藏在错误的引导之后。不管事实如何，坎德勒拒绝参与交易，除非买主将购买量扩大到 50 万股，而且他相信以他的地位可以阻止这场交易。

华尔街对伍德拉夫存在怀疑。坎德勒曾在伍德拉夫的指示下发布一份正式声明，声称公司不会继续支持红利，但市场的反应却是可口可乐股价升至年度最高点。投资者中已形成一种共识，尽管伍德拉夫危言耸听、虚张声势，但公司的经营状况很可能正在好转。他们的看法是正确的。

在所有的经济操纵之中，还有一项明智的法律行动，发生在费城的联邦法院。公司对装瓶商案件提起上诉。主审法官敦促双方和解，他强调如果任何一方“赢”了，双方利益都会受损。这是一个合理的建议，双方也都会认真采纳，于是各推选出一名代表亲自会面，解决细节问题。

一个多月之后双方达成协议，装瓶总公司同意每加仑糖浆12.5美分的提成。可口可乐公司与装瓶商的战争结束。消息传开后，可口可乐股票价格飙涨。

在接下来的几个月里，公司慢慢减少高价糖的库存。债务在不断减少，销售开始回升，收入增加。12月1日，每股1美元的分红重新开始，10天以后，可口可乐普通股股价终于恢复到两年前的发行价，1922年公司的前景很光明。

一个悬而未解的问题是公司的所有权。虽然有过短暂的出售股票的想法，但现在伍德拉夫改变主意了。《华尔街日报》报道纽约投资者“稳步积聚”可口可乐股票，而伍德拉夫致力于从他们手中拿回股票，他对公众只字不提，但是银行记录及伍德拉夫家庭记录显示他在几个月的时间里为自己、家人及银行购买了大量的可口可乐股票，他说服几个来自信托公司的合作伙伴加入这场风险投资，他们一起聚积起新的几千股股权。

同时，由于股权委托受到限制，伍德拉夫开始寻找控制其他股东的新办法。1922年夏秋之际，伍德拉夫秘密建立了一个控股公司——可口可乐国际公司，邀请亚特兰大、哥伦布和乔治亚州的其他城市的数百名可口可乐股东用他们的股权委托换取国际可口可乐公司的股票。

事实证明，开设控股公司是明智之举。虽然可口可乐的股票在纽约被大量买进，乔治亚州人依然拥有可口可乐普通股中超过25万的流通股，占据流通股总量的半数以上，但他们认为伍德拉夫的提议是十分合理的，因为这完全是纸上交易：可口可乐国际公司的股票象征着对可口可乐公司股票的潜在所有权，有相同的分红和市场价值。大部分股东很愿意变动。但是新公司有自己的董事会，一旦掌握了大部分可口可乐股票，它就能控制公司。这件事在1922年秋末实现了。

1922年11月27日，当可口可乐公司的董事们到亚特兰大开例会时，他们惊讶地发现一些新面孔。欧内斯特·伍德拉夫宣布他建立了可口可乐国际公司，这是一个新的控股公司，现在已经控制了可口可乐的大部分普通股，接下来他任命了新公司的董事：汤姆·格伦，吉姆·农纳利，布拉德利，赫顿及罗伯特·伍德拉夫，房间里一阵可怕的沉默。

伍德拉夫发动了政变，他的儿子、三个关系最密切的合作伙伴以及一个纽约的新朋友将要经营可口可乐公司。董事们别无选择，只能签订必要的文书，完成股权转让。

纽约人无比震惊。南方集团已经获得相当于代理人的权力，在决策关键时刻，他们可以代表大多数股东行使表决权。华尔街的投资者愤愤不平，甚至跑到纽约股票交易所阻碍可口可乐国际公司的股票交易，但是他们已无力回天。

伍德拉夫打败了他们，接下来还有更大的惊喜在等着他。

COCA-COLA
把世界装进瓶子——可口可乐百年传奇

第五章

罗伯特做好准备

1923年，可口可乐公司就像一个经历了可怕的病又奇迹般地迅速恢复的病人。尽管公司与装瓶商之间的感情遭到了破坏，信任也不复存在，但双方还是勉为其难地承认，最明智的做法是让生意恢复正常，毕竟这意味着赢利。

为了尽快弥合双方的裂痕，1923年3月6日周二晚，数百名装瓶商和冷饮推销员被召集到亚特兰大参加大会。

在两天的会议中，装瓶商从可口可乐的每个高管那里听到了加油打气的话，所有的话都在传达同样的信息——业务将重回正轨。国民经济终于从战后的持续萧条走向复兴，公司打算顺应潮流。欧内斯特·伍德拉夫首次（也是最后一次）在装瓶商前公开露面，维奇·雷恩沃特向装瓶商们介绍他，并暗示眼下应当抛弃前嫌，因为老板现在要对可口可乐的销售进行大规模的改革。伍德拉夫的高级助理汤姆·格伦敦促装瓶商购买可口可乐的股票，并表示信托公司会很乐意借钱给他们。

会议的焦点是公司新的销售副总裁哈里森·琼斯。他有激励人心的天赋，富于激情和魅力，他的演讲能深深吸引听众。

琼斯自1910年起在公司担任律师，帮助收集查特怒加案件的证据，并以霍华德·坎德勒助理的身份进入管理层。他善于鼓舞推销员和装瓶商，使他们折服。正是凭借着这样的能力，他成为公司的销售主管。

上午会议开始时，琼斯状态极佳。他用响彻大厅的洪亮声音说："谣言、恐惧和担忧都已不再重要，公司要重新凝聚起来，所有人必须团结一心。"他知道冷饮推销员和装瓶商经常发生冲突，把对方视作竞争对手，但是他们实际上是利益共同体，都会受益于可口可乐销售的增加。琼斯还有一些话专门说给装瓶商听的："你们是未来的潮流。你们是特殊的可口可乐经销商，你们的员工也必须是特殊的。"

"我们需要的是精力充沛的人，"琼斯说道，掀起了他演讲的第一个高潮，"我们需要的是那些可以证明自己能力的人！我们需要勇者，可以毫无怨言地忍受痛苦，面对困难不轻言放弃，能听从命令并以满腔热血去执行的人！"

在上午的会议结束之前，琼斯就赢得了装瓶商的支持。当然这种支持靠的不仅仅是他卓越的演讲才能，还有他带给装瓶商的新信息。他告诉他们公司打算发起一个规模空前的广告活动，以配合他们的努力工作。琼斯宣布，董事会计划在 1923 年增加 100 万美元的广告投入，这也将是公司利润再创纪录的一年。

在琼斯的主持下，公司的高管们逐一上台分析了公司未来面临的挑战和机遇。比尔·达奇报告了他的广告投放计划，包括报纸、农业出版物、女性杂志、铁路公告，以及具有全国家影响力的大型杂志，共计几百个版面，数量空前。

公司已经推出了新的口号"口渴不分季节"，刊登在《星期六晚报》上（旁边配着一幅插图，一位漂亮的女孩身着短裙优雅地滑过一堆雪）。新广告方案的目的是推动公司实现不分季节、全年销售的战略。

查尔斯·卡莫迪的公司承担了大部分可口可乐户外广告的

设计工作，他提醒装瓶商，现在美国的每五个人中就有一人拥有一辆汽车。为了吸引这些开车人士购买可口可乐，必须利用新的形式——广告牌。

在会上，公司高管们也都承认他们仍然面临着一些问题。琼斯和他的工程师们设计了一个便于携带的纸箱，采用米色的厚纸板，可装六瓶可口可乐。他们希望以此开辟可口可乐的家庭市场，但销量惨淡。另一方面，与威利博士和政府的长期斗争引发了对可口可乐健康性的质疑，这些质疑尚有待于完全消除。尽管如此，大会的整体基调是积极正面的。

当装瓶商结束了为期两天的会议准备返回工厂时，他们的情绪是乐观的，那些最惨淡的日子——糖价疯涨，股票暴跌，法院判决迫在眉睫，与公司管理层陷入斗争——似乎逐渐成为过去。

1922年春天，欧内斯特·伍德拉夫在整个乔治亚州收购他能找到的所有可口可乐股票，准备和华尔街的投资者竞争对该公司的控制权。有一次他找到了3000股，在没有告知他的三个儿子的情况下，他把这些股票放在了他们名下，他的儿子罗伯特拥有了可口可乐公司1000股的股票，但他本人却并不知情。

罗伯特并不知道他有多少可口可乐公司的股票，也没有兴趣了解这些。罗伯特和他的父亲不一样，他的天赋并不在金融领域，而在销售和管理方面。

在父亲涉足可口可乐公司的前三年里，罗伯特完全没有参与进来。他曾经零零散散地购买了一些可口可乐股票，其中包括他父亲的信托公司银行内部发行的5美元特别股，但他投资的规模并不大。1922年秋天，伍德拉夫成立可口可乐国际公司之后，罗伯特又购买了一些股份并开始涉足公司事业，成为五个忠于他父亲的董事之一。

伍德拉夫想让儿子罗伯特成为可口可乐公司总裁的想法源于何时已无从确定，但是伍德拉夫毫无疑问是决策者。

鉴于眼前没有更合适的人选，伍德拉夫决定把这份工作交给儿子罗伯特。他试探几个与他关系密切的可口可乐董事，他们表示支持，尤其是布拉德利。他们支持罗伯特的原因，并不是认为他能抗衡他的父亲——没有人会那么想，只是因为他可能给公司带来和平。布拉德利和汤姆·格伦、查理·威克汉姆一起前往纽约，力劝罗伯特接受这项提议。

罗伯特的朋友们也认为他应该接受这份工作，他们认为，罗伯特有机会将可口可乐公司的不同派系联合起来，为公司带来稳定。然而罗伯特却不想接受这份工作。他虽然有销售的技巧，但这种技巧能否成功运用在可口可乐的销售上，他并没有把握，同时他对于成为一个优秀的管理者也不是很有信心。他喜欢雇用那些对他有吸引力的人，使他们可以专心工作而不必担忧头衔和命令的束缚，他真正喜欢的管理模式是每个人直接向他报告，这在可口可乐公司似乎不是很有效。

罗伯特计算出他在1922年的收入大约是85000美元，远远超出可口可乐公司提供的36000美元年薪。如果他回到亚特兰大任职，就要接受每年5万美元的损失。

罗伯特后来声称，他接受工作是为了挽回投资可口可乐股票造成的损失，但事实显然并非如此。他决定出任公司总裁时，公司的股票价格升至前所未有的75美元，几乎是当初发行价40美元的两倍，他完全可以出售股票换取可观的收益。当然，他接受工作是为了向父亲证明他能胜任这项工作。

罗伯特想重新唤起可口可乐公司的活力，其中最重要的是他开始重新思考公司的一些指导思想。

罗伯特对他的新企业怀有极大的好奇心。当他开始探索可口可乐的秘密时，他得到的第一个启示来自加拿大的小城穆斯乔。初冬时，罗伯特乘坐跨大陆的火车经过了穆斯乔，这天气温骤降至零下35度。伍德拉夫在车站看到人们在喝可口可乐，他突然意识到，无论在怎样的文化和气候环境中，可口可乐都能得到人们的接受和喜爱。公司分支机构的报告中有一项内容引起了罗伯特的兴趣：可口可乐在加拿大蒙特利尔的销量几乎和在美国新奥尔良的销量一样高。

可口可乐的潜力似乎是无限的。几年前，达奇广告公司的几个董事曾计算过，可口可乐公司销售的数百万加仑的糖浆还远未达到市场的饱和点。在美国，可口可乐的销量平均每人每月仅有3瓶，需求量的任何一点增加都会转化为产量和利润的巨大飞跃。

罗伯特意识到了可口可乐装瓶的重要性，这点是阿萨·坎德勒从未意识到的。装瓶商对可口可乐的需求量很快就会超过冷饮店的需求量。越来越多的顾客希望可口可乐能出现在他们面前，方便购买，而不是他们主动到冷饮店去买可口可乐。以玻璃杯形式供应可口可乐的冷饮店数量已经达到顶峰，而有近四倍的零售店提供瓶装可乐，每天还有更多的零售商加入。“离渴望只有一臂之遥”是哈里森·琼斯用来瓶装形容可口可乐无处不在的华丽辞藻，罗伯特喜欢这句话给可口可乐带来的光环。他希望琼斯继续努力改善与装瓶商之间的关系，他希望装瓶商能更努力地工作。

罗伯特今年 35 岁，而在他出生前 3 年，可口可乐这个品牌就已经建立了，一种汽水能存在这么长的时间，这让罗伯特觉得很不简单。他认为可口可乐公司应该建立起坚持做优质饮料的声誉。

在进行变革、推行新的政策或者采用新的销售方式之前，罗伯特必须首先在周围的人中建立自己的权威。在他领导大家之前，他必须证明自己是一个领导者。

他从强化自己在公司总部的存在感开始着手。罗伯特知道管理的一些基本技巧，他清楚自己不应该和员工成为朋友。他与员工保持着距离，建立起一种严肃的表达方式和行为方式。当他下达命令的时候，他从来不问对方能否执行，这样就没人能找借口。一直以来，罗伯特都有一种不可思议的气质，让别人想要取悦他。

罗伯特召集关系密切的合伙人组建了一个核心集团，这些人几乎每天早上都在伍德拉夫的办公室里开会，接受当天的命令。他们以每天开会的时间为名，自称是“八点钟俱乐部”。团队精神很快在每个人心目中建立起来，成为罗伯特手下的“白色马达”团队每个成员的共同特点。(罗伯特将团队正式命名为“白色马达”，反映出其组建目的是控制公司)。

新总裁的强势形象已经建立，罗伯特很快将他的团队安排在公司的销售部门。他把美国分成四个区，分别挑选中意的人来管理。一位名叫卡尔·汤普森的亚特兰大老朋友负责管理西区，总部设在旧金山。尤金·凯利从“白色马达”调到芝加哥负责中部地区的销售。保险公司高管汉密尔顿·霍尔西坐镇新奥尔良，负责管理南部和西南部的销售。东区则由阿萨·坎德勒最有才干的侄子山姆·威拉德在巴尔的摩负责。另一位老员工尼尔·哈里斯负责整体监管销售工作。

接下来，罗伯特开始集中全力在公司高层中建立统治地位，这是一项艰巨的任务。罗伯特和哈罗德·赫希从一开始就有矛盾。赫希并未参与市场营销或公司的其他商业活动，但他想全权负责公司的法律事务，而罗伯特并不这样想。

当赫希正在准备和可口可乐的宿敌杰洛可乐的老板达成最终协议时，罗伯特介入了。杰洛可乐产于乔治亚州的哥伦布，名称与外观都与可口可乐非常相似。协议条款使罗伯特非常惊讶和失望。赫希没有选择以法律途径将杰洛可乐驱逐出市场，反而提出妥协，这相当于默许其他饮料可以模仿可口可乐。

在罗伯特看来，曾经坚定捍卫公司商标的赫希这次太轻易就放弃了。罗伯特暂停了协议签订，强迫赫希重新谈判，以使条款更有利于可口可乐公司。在罗伯特的坚持下，杰洛可乐的制造商同意将产品名字中的“可乐”二字去掉，只剩下“杰洛”，这个决定最后使杰洛失去了市场。

罗伯特一步一步取得了控制权。他在幕后不动声色地运作，但他的意图无疑是将可口可乐公司贴上自己的标签。他的第一个目标，就是将公司最伟大的资产——可口可乐的秘密配方，恢复到在他看来应有的地位。

多年来，坎德勒对可口可乐的配方做过几次调整，去除可卡因成分，调整调味剂的用量和种类，测试不同原料的酸度和咖啡因含量。在“一战”期间及战后恢复期，可口可乐公司修改了几次配方以应对各种原材料的匮乏，尤其是糖，公司曾经试验了各种各样的替代品。在查特怒加案中，咖啡因的含量已经被减半到每份 0.6 格令，而伍德拉夫到来前夕，咖啡因含量又下降到 0.4 格令。

可口可乐公司自然没有公布配方的这些变化，但他们也没有意识到维护可口可乐公司高质量和稳定性声誉的重要性。在伍德拉夫看来，改变糖浆的配方是危险的。不仅是因为消费者可能会注意到这种味道的差异，更重要的是他们可能认为可口可乐公司偷工减料、降低标准。

罗伯特决定制定一项政策，以保证配方永远不被更改。他找到董事长布拉德利，直截了当地问他是否同意“从现在起不允许任何人调整配方”。布拉德利表示同意。

罗伯特成立了一个质量控制部门，专门负责完善糖浆的质量，并派出检查员以改善装瓶厂的生产条件。公司还公开承诺，每一份可口可乐的味道完全一样。公司提出一个新口号“纯洁的魅力”，并在广告中骄傲地宣称可口可乐公司已经经历了八位总统的任期。

接下来，罗伯特开始着手收回配方的副本。这份副本存在纽约一家银行的金库里，因为它是公司贷款的抵押品。当然，公司实际上并不需要书面配方，因为公司中至少有四个人知道怎样制作可口可乐糖浆。但是收回原版配方具有巨大的象征意义。罗伯特计划采取一系列措施，来为秘密配方营造一种神圣的气氛，如果可口可乐公司不收回配方，这项计划就不可能完成。在董事会的允许下，罗伯特拿回了配方，配方再次回到了银行金库，只不过这次是乔治亚信托公司——伍德拉夫家族的银行。

罗伯特在公司推出了一项规定：没有董事会的正式批准，任何人不得查阅配方，并且只有在董事长、总裁或公司秘书在场的情况下才能查阅配方。此外规定还包括，无论何时公司中只能有两位员工知道配方的内容，而这两位员工的身份不会以任何理由被披露。随后，公司对外公布了这项政策。

罗伯特对配方的神秘化在一段时间之后产生了效果，配方成为大家崇拜的对象。在航空旅行的时代，公司的政策进一步修订，禁止两位知道配方的员工乘坐同一架飞机，这个规则同样也被广泛宣传。

不管出于什么原因，罗伯特在公司中扮演了一个复杂的角色，而公司的目标恰恰也是成为一种双重存在：名气很响亮，配方却很神秘。罗伯特也按照自己的方法给可口可乐蒙上神秘的光环，他想暗示美国消费者可口可乐略带独特的异国情调。由于罗伯特此前引发的对秘密配方的广泛关注，这种暗示很快被人们接受了。

公司业务中还有一件事引起了罗伯特极大的兴趣，那就是广告宣传。

罗伯特与比尔·达奇的相处并不融洽。达奇比罗伯特年长十六岁，在过去近二十年里为可口可乐创造出一系列非常成功的广告，他认为自己知道怎样做对公司最好，并常常告诉罗伯特该怎样做。

多年后，罗伯特告诉他侄子，他常常不得不站起来对达奇说："不，达奇先生，我们要这样做。"事实上，罗伯特更愿意避免冲突，他认为用回避的态度更容易处理与达奇的关系。他很快发现，和广告公司的另一个年轻人阿奇·李的合作更顺利。

阿奇·兰尼·李完全不符合人们对广告人的刻板印象。他性格安静，热衷哲学思考，但也雄心勃勃，渴望成功。

李在报社工作时，曾写过一篇歌颂山姆·多布斯的文章，当时这位可口可乐的总裁刚刚上任。多布斯高薪聘请李撰写广告，李接受了。他加入了达奇在圣路易斯的广告公司，并迅速成为可口可乐广告最优秀的写手。

李的工作成果是达奇及广告公司其他人有目共睹的。即使他的"伯乐"多布斯被迫下台，李还是继续接手越来越多的可口可乐公司的宣传工作，最后他一人包揽了可口可乐的所有广告文案，他自豪地将其称之为"生平最好的作品"。

阿奇·李为可口可乐做的工作是了不起的。技术卓越肯定是其中一个因素，但事实不止于此。李雇用当时最好的插画家，让他们画出更有吸引力的独特的广告画。更重要的是，他以丰富的想象力将哲学带进工作，使公司的广告更有寓意。

李和罗伯特花了几个小时在一起谈论他们所面临的挑战。“我们希望可口可乐不是一种普通的饮料，而是能‘引领风尚’的饮料。”罗伯特后来回忆道，“我们想提升它的价值，使它不仅仅是单纯的解渴工具。我们希望它超越种种限制，被社会各个阶层的人接受，为他们的生活中带来快乐。”

天才的插画家哈顿·桑德布鲁姆后来创作了可口可乐圣诞老人的广告，他在 1924 年第一次为李工作。“当时我完全不理解可口可乐广告中的哲学。”桑德布鲁姆后来回忆说。但他很快就发现，除了画画，李还希望他接受自己思想的“教诲”。可口可乐的主要颜色是红色，最为大众熟知的公司标志始终是红底白字的标志。但李认为红色有一个问题：这个颜色过于热烈，而可口可乐的主要卖点是消暑、解渴和提神。将经典的红色完全去掉是不可能的，但李决定添加绿色和白色以弱化红色的效果。

桑德布鲁姆曾这样写道：“我得知红、绿、白三种颜色的组合绝不仅仅是为了色彩的和谐，这个组合是经过深思熟虑的。红色代表能量，白色代表纯洁和健康，绿色代表凉爽和活力。”桑德布鲁姆的第一幅作品是一个女孩身穿奶白色的衣服在汽水店里，背景是绿色的。他说这些颜色被视为可口可乐的某种象征。经过一段时间之后，人们便可以从海报的色彩中领会广告所传递的信息，而不需要任何文字。

除了简单和亲切，李还希望可口可乐的广告能富有寓意。他认为好的广告能使产品“活起来”，具备独特的个性。

1925 年初，他集合了自己所有的新想法，创造了“丽兹男孩”的广告。广告中有一个英俊的服务生，穿着白色制服，端着一个托盘，盘子上放着一瓶可口可乐和一个玻璃杯。背景是深绿色，商标放在右上角。广告词是“每天 600 万听”。这个广告出现在全国各地超过 5000 个广告牌上，广告传递出微妙而明确的信息。广告中的服务生之所以被称为“丽兹男孩”，是因为他的华丽服装与丽兹酒店的服务生很像，而丽兹酒店象征着品味和身份。因此，这个广告仿佛在说，每个人都可以拥有这种饮料(以及与之相关的优雅)，只需 5 美分，你就能享用可口可乐，并且可以坐在丽兹酒店的大厅里享受身着制服的服务人员的服务。

多年来，可口可乐公司的广告把可口可乐描述为一种缓解口渴和疲劳的令人愉悦的产品。现在李向前迈了一步。他明确地将可口可乐与“美国人的青春和浪漫”联系在一起，在广告中强调人们对社交能力和吸引力的渴望。广告中表现的不仅是男孩遇见女孩，而且明确指出男孩和女孩的相遇在某种程度上是因为可口可乐，这可谓是一种创举。

李还策划了一场伟大的“品牌形象”运动，目的是使可口可乐的吸引力远远超出它作为产品的功能。罗伯特非常高兴地将李纳入公司管理层，等着看他接下来会有什么新的想法。

第六章

坎坷的经营之路

1942年10月，罗伯特派可口可乐公司的一位高管到海外执行秘密任务。

自担任公司总裁一年半以来，罗伯特越来越渴望在国外市场上销售可口可乐。可口可乐在加拿大的流行已是不争的事实，而罗伯特认为类似的效果在其他国家也可以实现。他特别渴望在拥有繁华的城市和方便的配送系统的欧洲引进可口可乐。

在过去的二十多年里，可口可乐曾在国内市场开拓上做一些小规模的探索。起初，1899的美西战争后，阿萨·坎德勒把一名销售员派往古巴及波多黎各。随后，可口可乐来到了夏威夷、菲律宾和巴拿马，并在从百慕大到中国上海的各个港口开展了开拓性的销售工作。后来，在霍华德·坎德勒的建议下，董事会批准他在中美洲和西欧寻找装瓶商，并颁发特许经营权。

问题是，除了加拿大，在国外绝大多数购买和饮用可口可乐的人都是美国的士兵、游客、外交官、商人以及那些把可口可乐作为家乡标志的美国人。生活在其他国家的人几乎完全不知道可口可乐的存在。可口可乐的销售主要限于军队食堂以及豪华酒店的酒吧和餐馆，几乎没有进入当地市场。阿萨·坎德勒曾经承诺的“入侵世界”还没有发生过。

罗伯特想把公司的影响力深入到世界各地的本土市场中，而不仅仅局限在旅居国外的美国人圈子里。他运用公司在美国发展起来的良好工艺和销售技巧，希望把这件事做好。但他的父亲和董事会一些大股东对此态度很冷淡，他们认为公司目前业绩良好，无需冒巨大的风险，去探索在陌生的地方生活的陌生人有什么口味和爱好。

为了证明这些反对者是错的，罗伯特挑选了一个他认为最有市场潜力、最符合公司文化的国家——英国。他派信得过的助手汉密尔顿·荷西去英国，调查在当地开辟可口可乐市场所需的经费和时间。荷西从纽约出发，在伦敦待了六周，返程后第二天便交给罗伯特一份机密报告。

荷西竭力鼓舞人心。他建议立即把可口可乐引入英国市场，信心满满地说英国人一定会喜欢这款汽水。毕竟他们喜欢矿泉水，而且因为经常喝茶，对咖啡因也习以为常。荷西把英国称为“打开欧洲市场的钥匙”，这话正是罗伯特想听的。

但是当罗伯特开始仔细阅读荷西的报告时，他发现英国市场的前景其实让人非常沮丧。潜在的困难很多，难度很大，其中首要的问题是英国没有冷饮店。荷西写道：“在英国市场上只能销售瓶装可口可乐，除非英国人愿意自己把糖浆带回家充上碳气。而且这些瓶装可乐只能是温的，因为公司不清楚英国的冷藏条件，而且英国人对冷饮的厌恶根深蒂固、由来已久。”荷西得出结论，要在英国开拓“一点点”市场，可能就要花费至少 3 年时间以及 50 万美元的广告经费。而且如果广告做得太夸张，还可能产生反作用，阻碍公司的发展。他指出：“英国人讨厌‘有些美国公司在海外市场上的浮夸宣传和自吹自擂’。”

鉴于英国市场前景黯淡，罗伯特不可能越过父亲和董事会里的其他保守派，直接调用 50 万美元。欧内斯特和布拉德利并不反对海外经营，他们愿意授权罗伯特去他想去的任何地方做生意，但他们不愿意拿出那么多前期准备经费。就在荷西从英国返回的时候，董事会批准罗伯特开始在墨西哥销售可口可乐。但是他们也要求罗伯特把投资经费严格控制在15万美元内，甚至将这项规定写进正式的公司备忘录中。

得到董事会的许可之后，1926年初，罗伯特租下百老汇大街111号，任命汉姆·荷西领导一个五人团队，处理国际销售事务。他们的目标群体之一是远洋游轮上往返于纽约港的乘客。船上的乘务员把软饮料视为三等舱的人才喝的东西，起初不愿意在船上出售可口可乐。后来可口可乐公司发明了一种特殊的出口专用可乐瓶，采用祖母绿色的玻璃和金箔，看起来像一瓶香槟。即使如此，乘务员还是每次只订购一两瓶。最终，销售员查克·斯万想出一个好办法。游轮出发前夕，他参加了在船上举办的启程排队，购买了十几瓶可口可乐，大口喝完并把空瓶放在各个桌子上。很快其他人也开始购买可口可乐。

斯万和同事们与商务部和海关建立联系，以获取美国贸易代表和领事何时回国并经过纽约的情报。这些人回到驻地后，通常都乐意向地区销售商宣传可口可乐。渐渐地，很多国家都有了一定数量的可口可乐订单，当公司收到来自印度尼西亚的满满一卡车的可口可乐订单时，国际事务部还举行了小型庆祝活动。

1926年，可口可乐公司在危地马拉和洪都拉斯新增了可乐装瓶业务，并于1927年在墨西哥、缅甸、哥伦比亚、纽芬兰、意大利、比利时和南非开设了分公司。伍德拉夫推行了一套卓有成效的新举措：减少可乐中的含水量，转为更轻的浓缩物，大幅节省了船运价格。他还利用战后欧洲大量出产的甜菜制糖，在海外销售的可乐中用甜菜糖代替蔗糖，节约了公司的开支。

如今，可口可乐公司的国际贸易体系已十分完善，但当时国际事务部的工作无疑是业余的。荷西太急于求成了，他常常把特许经营权交给既缺乏经验、又没有足够资本来开辟市场的人，其中有些人最终破产。几年后，缅甸、哥伦比亚、纽芬兰以及墨西哥的大部分城市的生意就做不下去了。欧洲很多地区的可口可乐销量缩减到了可怜的一点点。全法国的月销售额加起来也只有微不足道的94.22美元。

和以往不同，这一次罗伯特并没有采取什么措施去挽回公司下滑的海外业绩。1925年春天，他带了一大笔钱去欧洲，但他看起来更像是去旅游而不是出差。董事会授权他在英国开办公司，但他除了监督可口可乐商标注册之外什么事情都没做。大家一致认为，他被动地接受了他父亲和其他董事的严格限制。

罗伯特建立海外商业帝国的愿望被搁置，但在国内，他的公司正在迅速复苏，销量猛增。可口可乐人喜欢谈论数字，理由也很容易理解：公司的发展确实惊人。“收银机在1924年因为可口可乐而转动了24亿次。”哈尔森·琼斯在次年年初举行的装瓶商年度会议上高声宣布，“如果将所有售出的可口可乐装在瓶子里，把这些瓶子首尾相接，其长度将达到296000英里，可绕地球11圈以上。如果每24瓶可乐放进1个箱子里，所有箱子放在一起就能覆盖5平方英里。如果把它们一个接一个垒起来，其高度可达 12600 英里。”

这些数据来自公司新成立的统计部门，罗伯特创建这个部门的目的是追踪公司的发展轨迹，并寻求方法使公司加速发展。罗伯特下定决心，利用国内正在发生的翻天覆地的变化，使公司的销售体系实现现代化。

在当时，汽车在绝大多数地方都得到了普及。统计部门在罗伯特的命令下详细研究全国的交通路线图，在地图上标示出了各城镇之间最繁忙的交通枢纽。公司在这些地方都设置了广告牌，并成为全国使用广告牌最多的公司。

1927 年，超过 600 万的家庭拥有了收音机，可口可乐公司赞助了它的第一个广播节目，这是一档浪漫节目，以吉姆对女友薇薇安的求婚来比喻民众和可口可乐之间的感情。公司还赞助了一次有奖比赛，奖金高达 1 万美金，获奖者是来自印第安那州安德森的速记员米尔斯波小姐，她写文章赞扬了可口可乐广受欢迎的“6 个秘诀”——口感好、纯粹、畅爽、有益社交、价格实惠、解渴。

一天下午，罗伯特做出了让公司员工印象最深刻的一件事。他召集了全公司所有冷饮店销售员，把他们全部“解雇”，再把他们重新聘为“服务员”。这只是一种形式，而非真正让员工失业，不过员工们都明白了罗伯特的用意。除了销售可口可乐，他们还要教会顾客如何对待可口可乐。

随着定期分红的恢复，可口可乐普通股股价持续高速上涨，一路涨到每股 160 美元，超过其最初发行价的 4 倍。1927 年初，可口可乐公司股票实行了 2：1 的分割，股价在牛市中继续上涨，令整条华尔街为之眼红。公司还清了贷款，收回了阿萨·坎德勒的子女持有的 1 千万美元优先股，此外还有盈余。

罗伯特父子都因公司的成功收入不菲。1927 年春，欧内斯特持有的股票价值已经超过 400 万美元，他成为亚特兰大最富有的人之一，而罗伯特也在 37 岁时成为百万富翁，虽然是刚到 100 万。

1927 年 5 月 5 日，罗伯特和妻子尼尔开始了环南美海岸的航行，这是一次愉快的旅行，是对罗伯特在过去四年里取得的成功的奖赏。后来他常说："这是我人生中唯一一段感到富有的时光。"

1927 年秋，罗伯特的良师益友沃特·怀特开始投身于家族事业。当时怀特汽车公司正处于困难时期，沃特·怀特需要更新工厂的设备以制造更便宜的汽车，但这一想法遭到了一些家人和董事的反对。怀特想像伍德拉夫家族那样在公司里占有控股地位，所以他计划买回 80 万股公司优先股中的一半，使公司私有化，他邀请罗伯特做自己的合伙人。

在接管可口可乐公司之前，罗伯特一直在卡车业工作，现在重回卡车业的想法对罗伯特很有诱惑力，和怀特汽车公司合伙做生意，对罗伯特来说是可行的。

只要罗伯特留在可口可乐公司，他就会受到父亲想法的支配。他们现在的关系的确相当好，但这种状态未必能保持下去。最重要的是，欧内斯特·伍德拉夫是一个金融家，一个计较得失的人，如果他认为时机恰当，他会毫不犹豫地卖出他在可口可乐的股份。罗伯特看到了这一点，并且完成了他的任务。他向父亲证明了自己，现在时机已经成熟，他可以在自己最喜欢的领域尽情地施展自己的才华。

赌注是巨大的，怀特公司的收购价超过了1000万美元，参与收购的其他人都实力雄厚，其中包括标准石油公司大亨沃尔特·蒂格。年轻的罗伯特要想参加这次收购，就必须竭尽全力筹集资金。

罗伯特决定参加收购。1927年10月11日，罗伯特指示他的纽约股票经纪人霍恩布洛尔·威克斯斯卖空4600股可口可乐普通股，筹集56万美元现金。他用自己一半的身家财富做赌注，打赌在不久之后股价会急剧下降。他计划以少得多，留下可观的利润用来购买怀特汽车公司的股票。

罗伯特采取了一系列措施以隐藏自己在交易中的角色，包括通过虚拟公司进行运作、用代理签署实际文件。他所做的并不是严格意义上的违法行为，但即使是在当时宽松的标准下，一个公司的总裁卖空他的个人股票也被认为是不道德的。事实上，罗伯特做空自己公司的行为，和自己的利益也是冲突的。

没有证据表明罗伯特在故意破坏公司。他认为这笔交易会以他希望的方式发展，不会受到任何干扰。经过数年的繁荣，公司的统计部门警告经济衰退即将到来，夏季可口可乐的销量下降已经暗示出这一趋势。

一份公司内部机密文件列出了公司面临的一系列问题：政

府新的税收（包括南卡罗来纳州对软饮料征收的破坏性的销售税），禁酒组织一直以来的敌意，家长和老师抵制孩子们喝可口可乐，“5 分钱市场”（包括糖果、冰淇淋、蛋糕及其他饮料）的竞争日益激烈。报告补充说，一些媒体的广告费“近乎讹诈”，而联邦政府再次对可口可乐的一些成分表示担忧。国会在保护主义情绪下，大幅提高了进口糖的关税。

对公司最直接的威胁是以国际联盟为中心的不断发展的国际运动，旨在更严格地控制麻醉品（毒品）的贩运。国会正在考虑立法，禁止进口或出口古柯叶及其制品。公司面临着失去古柯叶供应且无法将糖浆运往国外的局面。在绝望之中，罗伯特在秘鲁利马秘密租下一座可卡因工厂，令其随时待命。这个举动一旦被曝光，公司的处境将极其难堪。

尽管所有迹象都指向经济衰退，但可口可乐的销售迅速回升，公司的股价也是如此。1927 年秋天，罗伯特赌输的事实变得越来越明显。用一个亲密的朋友的话说，罗伯特做了“一个悲伤的猜测”，他开始感觉到压力。他拒绝做出任何伤害公司或帮助自己的举动。为了支付他卖空的债务，他必须准备 4600 股可口可乐股票，而途径只有两种：在公开市场上购买，或者放弃自己的控股。这两种选择让罗伯特越来越痛苦。

罗伯特的父亲很震惊。罗伯特在没有告知他的情况下采取行动，并且遭受了可怕的失败。欧内斯特从九年前买下这家公司的第一天起就开始交易可口可乐股票，但他从来没有冒过这么大的风险。欧内斯特责备罗伯特的愚蠢，并告诫他“学会拒绝成功和财富必然会带来的诱惑和邪恶”。

不过，在危急时刻，伍德拉夫并不打算抛弃他的儿子。

在 1927 年与 1928 年之交，伍德拉夫和信托公司的其他几位可口可乐的大股东介入可口可乐股票交易，显然意在压低价格、解救罗伯特。和往常一样，伍德拉夫的操纵是严格保密的，但可口可乐的股票价格不但没有下降，反而开始神秘地上涨。

有人开始宣扬罗伯特和信托公司的卖空行为。有人打赌，可口可乐公司具有长期投资的价值，并以高价抢购所有进入市场的股票。1928 年 3 月初，可口可乐公司的股票价格达到每股 130 美元，并开始向 140 美元攀升，华尔街的金融媒体对这些无法解释的现象感到越来越好奇。

罗伯特的立场极端尴尬，他本应为公司的繁荣和股价的飙升而极度兴奋，但事实正相反，可口可乐公司的好运气正在使他走向破产的边缘。

在 1928 年 4 月的第一个星期，可口可乐公司以 146¾的历史高点收盘，华尔街人士纷纷猜测投机者的身份。金融专栏作家巴纳姆注意到可口可乐股价的不寻常的上升，并得出结论：无论是谁卖空，似乎都在遭受“可怕的惩罚”。

但究竟是谁在进行买卖呢？巴纳姆不知道，华尔街上没有人知道。1928 年 4 月 9 日，美联社报道了可口可乐公司股价的“轰动性的上涨”，因为股价飙升至每股超过 160 美元，创造了新的纪录。战争正在进行，但人们仍然不知道交战双方是谁。

第二天，买家出现了。

林赛·霍普金斯 1909 年来到亚特兰大，经历过一连串失败的投资。1921 年，当可口可乐股票处于低点时，他开始买进。到 1928 年春天，他已经成了一个大股东。

他肯定伍德拉夫会卖空，并且试图阻止他。

1928 年 4 月 9 日，霍普金斯向美联社透露消息，宣称他就是一直在购买可口可乐股票并提高其价格的人。然后，他走进大通银行纽约分行，签署了一份为期 6 个月的债券，借了 100 万美元的现金，以便继续买进可口可乐股票。在接下来的三个星期，他和伍德拉夫父子进行了一场对公司未来的绝望争斗。伍德拉夫父子及其在信托公司的盟友发起了一轮新的卖空，希望压低股票价格，而霍普金斯用他的百万美元买进股票以维持高股价。

令霍普金斯和其他亚特兰大人大吃一惊的是，欧内斯特回过头来决定把公司彻底卖出去。他指示信托公司总裁汤姆·格伦向可口可乐国际公司的所有股东寄信，建议他们将股份集合并一起卖出。

这封信成了亚特兰大的头条新闻，它传递的信息是十分清楚的：伍德拉夫及其合伙人计划彻底离开可口可乐公司，将他们的控制权完全转移给下一个买主。如果这项计划达成，那么林赛·霍普金斯将会孤立无援，成为少数股权股东，公司将由新的所有者经营。

然而，有一个人在计划中缺席了，引起了人们的注意，这个人就是可口可乐公司董事长布拉德利。这件事至关重要，它暗示了在公司出售问题上的内部异议。

1928 年 4 月 30 日星期一上午，可口可乐公司的董事们聚集在亚特兰大，气氛高度紧张。他们一致投票通过，将可口可乐普通股的股息从每年 5 美元提高到 6 美元。这不仅是因为 1928 年第一季度的利润上升，而且提升股息对不同立场的人都有利。保留股份的人会获得更高的回报率，出售股权的人也会得到更多利益。而欧内斯特・伍德拉夫和他的团队也可以借此机会表明，他们不再试图压低股票的价格。

但董事们只能在这一件事上达成共识。林赛・霍普金斯要求出席会议并发言，他谈到了对公司未来的信心，并强烈呼吁所有人和平相处。他要求将公司普通股进行 4：1 的分割，以降低每股价格，让小投资者也有能力购买，从而使公司所有权分散。

霍普金斯的潜台词每一个董事都心知肚明，那就是对罗伯特的尖锐指责。霍普金斯要求分散股权，其实是在指责伍德拉夫集团没有本着可口可乐的最大利益行事，而其他任何人都能做得更好。

但伍德拉夫一如既往地坚持自己的计划。会议结束两天之后，他乘车前往纽约。亚特兰大的报纸推测，他可能要去寻找可口可乐国际公司大宗股票的买主，事实确实如此。

伍德拉夫来到曼哈顿，与基尼・斯泰森进行了一系列秘密会议，斯泰森来自信托担保银行，1919 年曾帮助伍德拉夫家族从坎德勒家族手里买下了可口可乐公司。斯泰森是可口可乐公司的董事会成员，持有大额公司股份，同时也是可口可乐与华尔街交易中的关键人物。

伍德拉夫和斯泰森在公司经营及其财务问题上存在分歧，而且并不完全信任彼此，但他们在相互尊重的基础上保持着密切的关系。

斯泰森曾经这样评价伍德拉夫："他是我所知道的最伟大的商人。"斯泰森当时正在考虑将可口可乐公司和加拿大姜汁汽水公司合并成世界上最大的汽水公司。斯蒂森三年前加入加拿大姜汁汽水公司的董事会，原因之一就是希望促成两个公司的合并。他已经做好准备，可以马上开始与加拿大姜汁汽水公司总裁塞勒的秘密谈判。伍德拉夫也表示同意。

加拿大姜汁汽水原本是一种混合酒精饮料，在禁酒时期变成了广受欢迎的软饮料。公司高层把这次合并视为一个机会，可以利用可口可乐公司的 1250 个装瓶厂和 50 万个零售网点，这将使他们获得前所未有巨大市场。

可口可乐公司对这笔交易的兴趣是令人费解的，特别是加拿大姜汁汽水公司的前景并不被看好。尽管如此，伍德拉夫和斯泰森开始了与塞勒的会谈，他们同意在合并完成之后公开发行新公司的股票。

1928 年 5 月 8 日一个星期二的下午，谈判的传言开始在华尔街的证券行传开。当天纽约证券交易所闭市前，两家公司的股票都被频繁交易。在不知道任何合并细节的情况下，投资界迅速判断加拿大姜汁汽水公司将在此次交易中得到更多利益，其股价涨幅每股超过 7 美元，达到了 85 美元。

在财经媒体报道这件事后，《亚特兰大宪法报》报道几位可口可乐董事正在前往纽约参加讨论。实际上是他们赶往纽约是为了弄清楚伍德拉夫和斯特森在做什么，因为他们大多数人完全被蒙在鼓里。

第二天谈判失败了。加拿大姜汁汽水公司总裁塞勒在纽约发表声明，称谈判陷入僵局而终止了。没有人公开解释交易失败的真正原因，伍德拉夫从纽约回来，拒绝采访并回到了自己家中。

几个星期后，汤姆·格伦发出一个妥协信号，他给可口可乐国际公司股东写了另一封信，解除了集资。他说已经收到了一些买主的出价，但都没有足够的吸引力。股东们将保留自己的股份。

霍普金斯有最终决定权。董事会允许他在 1928 年 6 月邮寄给股东的第二季度分红中加入一封私人信件。他在信中再次提醒股东们，可口可乐值得永久投资。他连本带利地还清了从大通银行借得的 100 万美元贷款。

罗伯特试图表现得好像什么事也没有发生过。他继续在梅街工作，假装照常做生意。

事实是，罗伯特仍然想加入怀特汽车公司。他在写给沃尔特·怀特的信中继续谈论着他们在乔治亚州西南购买土地、开辟种植园的计划。他加入了怀特汽车公司的董事会和执行委员会，并与其他合作伙伴一起继续购买股票。

由于罗伯特卖空的清算日被推迟，他的财务状况没有陷入原本的最坏结局。因为不想看到公司总裁在公众的关注下破产，汤姆·格伦和哈罗德·赫希从自己的资产中借给他价值超过100万美元的可口可乐公司股票，并且没有设定归还期限，让罗伯特有足够的时间去弥补他的巨大损失。

到1929年2月，罗伯特、沃尔特·怀特和他们的合作伙伴在控制怀特汽车公司所有权的道路上已经前进了一半，罗伯特的精神也开始改善。他和怀特买下了位于贝克县的占地3万英亩的旧农场和树林，并命名为艾彻威（Itchaway），在克里克语中意为“鹿睡觉的地方”。

1929年的夏天过去了，罗伯特对艾彻威的兴趣超过了他的公司，在这个被繁荣的国家遗忘的角落里，他开始重新学习如何生活，这段经历影响了他。

1929年9月28日，沃尔特·怀特遭遇车祸，并于次日不治身亡。突如其来的变故使怀特汽车公司陷入混乱，罗伯特接任临时总裁，努力安抚公众情绪，但无济于事。公司股价持续下跌，紧接着“大萧条”开始，全国股市暴跌，怀特公司损失了三分之一的市值。

在市价跌落的压力下，罗伯特保持公司所有权的计划失败了。随着股票价格的暴跌，银行开始要求罗伯特和其他合作伙伴提供更多的抵押品，但他们无能为力。公司负债累累，罗伯特十分沮丧，他不情愿地放弃了。

随着投资怀特汽车公司的失败，罗伯特重回卡车业的希望落空了。他决定专心应对可口可乐公司的工作。

无论以什么标准衡量，1929 年对于可口可乐公司而言都是标志性的一年。销量、收入及利润都在上升，股票价格很快恢复正常。当年末罗伯特总结公司数据时，《芝加哥日报》称赞道："企业总裁们梦想中最幸福的时刻，就是像罗伯特今天这样做年终总结。"

可口可乐的公众形象反映了爵士时代乐观自信的时代精神。阿奇·李以为可口可乐提出了新的绝妙口号："享受清新一刻。"在一幅广告插画中，一位秘书把椅子推离打字机，脸上挂着笑容，一边休息一下疲惫的手，一边饮用一瓶可口可乐。经过一系列广告宣传，美国的可口可乐人均销量增长了 50%。

然而，在繁荣的表象背后，公司已陷入危机，这一危机是可口可乐过去遗留下来的问题所造成的。一批来自美国食品药品管理局的化学家对一批可口可乐配方中的"商品 5 号"进行了测试，结果在古柯叶中发现了一种名为芽子碱的生物碱成分，这一成分可以合成可卡因。主管坎贝尔说，他主持这次实验是因为怀疑可口可乐中存在咖啡因之外的成分，使得许多人对可口可乐产生强烈依赖。

哈罗德·赫希受到检测结果的警告而惶恐不安，他委派可口可乐公司的化学家威廉·海斯去复核"商品 5 号"的制作程序。

海斯惊恐地发现，在消除可卡因的过程中确实存在芽子碱残渣，即使已经进行了两次蒸馏。不仅如此，一些样品经过精细的检测也可以发现微量可卡因。海斯计算得出，芽子碱的含量极低，不超过五千万分之一。可口可乐一整年的销量是2500多万加仑，其中的可卡因含量约为0.06盎司。尽管含量极低，这一发现也是极其危险的。

在生产过程中，任何关于“可卡因”的细小传言都是公关上的灾难。情况不乐观，公司可能面临严重的法律后果。而且向海外装瓶商输送“商品5号”的风险越来越高，公司为此十分紧张。联邦法律坚决禁止向其他国家出口毒品。政府的化学家已经把检测结果递交给联邦毒品控制委员会执法部门负责人利瓦伊·纳特上校，他可能会下令扣押商品。

仿佛可口可乐公司所受的压力不够多似的，当时还发生了一个突发事件。一名员工做出了一个严重的错误判断，险些造成影响全局的国际事件。罗伯特批准在秘鲁秘密租赁的可卡因工厂里生产“商品5号”，他认为从这里直接向海外装瓶商输送“商品5号”可以规避从美国出口的风险。他万万没有想到，负责监管工厂的年轻人会卖掉在生产过程中作为副产品而提取出的可卡因，但这件事确实发生了。这个有成本意识的员工克劳德·戈塔托斯基，以1152美元的价格将19千克的纯可卡因卖给了一个麻醉品代理人，还忠实地把这笔钱寄给了公司总部。如果这个消息泄露出去，公司不仅无法解释可卡因含量超标的问题，还会面临走私毒品的指控。

与此同时，公司还面临着进口商品无法保证的困境。联邦法律规定，除非是用于科学和医学，否则不允许进口古柯叶。

过去，禁令并没有给可口可乐公司造成障碍，因为与可口可乐公司合作的梅伍德化工厂是全国最大的可卡因合法制造商之一，该厂生产可卡因剩下的古柯叶残渣可以用来制作“商品 5 号”。但是可口可乐巨大的成功带来了对“商品 5 号”的极大需求，这一需求远远超出了梅伍德化工厂可以依法供给的数量。在过去的两年里，可口可乐公司为了获得足够的古柯叶，必须从另一个合法的制造商默克公司定量购进可卡因，而现在梅伍德和默克都无法满足公司对古柯叶的需求。

1929 年末，罗伯特面临最后期限。生产经理告诉他，如果没有新的解决方案，公司剩余的“商品 5 号”将在 1930 年 2 月 1 日耗尽。

罗伯特立即采取行动，他组织了游说，期望获得美国毒品管控法律的特免。国会正要开始新一轮的国家毒品法规的定期修订，罗伯特竭力争取这次修订能保护公司的利益。

罗伯特先派哈罗德·赫希去华盛顿拜访纳特上校，纳特上校同意在修订期间暂停所有法律活动。接下来，罗伯特与来自乔治亚州的众议员查尔斯·克里斯普和参议员沃尔特·乔治结成联盟，他们同意在各自的议院中为公司的案件辩护。最难得的是，罗伯特还向宾夕法尼亚州改革运动的代表斯蒂芬·波特传达了可口可乐公司的困境，并争取到他的同情。

波特是众议院外交事务委员会的主席，数十年来致力于严格控制世界范围内鸦片、海洛因和可卡因的生产和销售。在 1930 年的前几周，国会通过了“波特法案”，旨在加强美国法律对毒品的监管并确保有效执法。

在与克里斯普的私人谈话中，波特同意修改法案，允许进口古柯叶，只要在使用前去除可卡因和芽子碱。法案修订的目的显然是为了拯救可口可乐公司。然而，在3月7日众议院筹款委员会就波特法案举行的听证会上，一些成员持反对态度。其中一位成员甚至提出商品5号检测和政府调查结果的问题。但事实证明波特是可口可乐公司的热情捍卫者，他嘲笑了可口可乐含有可卡因或任何活性生物碱的观点。在他的辩护下，反对派销声匿迹。众议院通过了“波特法案”及其修正案，参议院也准备表示同意。

然而，这一特免在国务院遇到了障碍。政府多年来致力于反对种植罂粟和古柯叶，以根本上解决毒品问题。在与国际联盟及其他各方的谈判中，美国代表提出，减少毒品交易的最好方法就是从源头上禁止毒品的生产。现在可口可乐公司想要获得政府的庇护，以保留和扩大秘鲁古柯叶的巨大市场，这与美国政府的政策显然是不符的。

众议员克里斯普得知国务院准备对这一修正案提出反对，他给亚特兰大的哈里森·琼斯发出了警告，而哈里森把这一消息传递给了罗伯特。

放弃就意味着改变配方，那是不可接受的。对罗伯特来说，此事非同小可。没有古柯的可口可乐是不可想象的，如果公众得知可口可乐中不存在古柯成分，他们可能会认为它不再是原来的味道了，而这对于可口可乐来说可能是毁灭性的。

还有一个微妙的因素在发挥作用。人们坚定地认为可口可乐中确实含有使人恢复活力的成分，虽然不是可卡因，但也不只是糖和咖啡因的简单组合。多年的广告营销带来了魔术般的商业效果：即使人们对可口可乐已经司空见惯，但是它仍然保持着它的吸引力。因此，如果去掉可口可乐中的一种成分，势必会破坏它在人们心目中的这一形象。

这时，罗伯特又找他来的老朋友、参议员沃尔特·埃奇帮忙，请他说服国务卿科顿。后来，胡佛政府公开宣布，允许进口无限量的未经处理的古柯叶，只要可口可乐公司答应在最新建立的麻醉药品管理局的监管下，去除古柯叶中所有的可卡因和生物碱成分。

这一新政策允许国务院在保有禁毒立场的同时，与可口可乐公司进行调解。可口可乐公司依然可以在秘鲁大量种植古柯，但是古柯叶的处理过程必须在美国本土完成，在联邦官员的检测下保证去除任何麻醉品合成物，这样非法可卡因几乎没有机会进入市场。可口可乐公司同意关闭在利马的工厂。

国会两院都很快通过了对可口可乐公司的特免，并将其写进联邦法律。公司逐步恢复了古柯叶供应，糖浆生产也恢复正常。

由于新的税收政策以及额外的加工费用，哈里森·琼斯计算出当时“商品 5 号”的制造成本为每磅 1. 11 美元，价格相较之前略有提高。但他和罗伯特都认为这种付出是值得的。

罗伯特认为，公司接下来面临的首要问题是国际市场。

德国的情况尤为糟糕，甚至可能有人会进监狱。哈姆·霍尔西与一位名叫雷文顿·鲍尔斯的旅居国外的亚特兰大人在德国合作，哈姆·霍尔西授权鲍尔斯在鲁尔地区的重要城市埃森开展可口可乐装瓶业务。

然而，当鲍尔斯在1929年春天开始创业时，他很快证明自己只是一个梦想家而非实干家。他仅有从妻子和合伙人那里借来的几千美元的资本，工厂设备也只有一个手动的六喷嘴灌装器和一辆马车。在夏季销售高峰期，一周的销量也仅有十瓶。鲍尔斯出售的可乐是温的，要想得到冰镇设备只有求助于啤酒酿造商，而啤酒酿造商对帮助销售美国软饮料毫无兴趣。服务员也拒绝推销这种饮品，除非他们可以从中获利。几乎没有人愿意在门外张贴推销可口可乐的标语。鲍尔斯确信德国人会喜欢上可口可乐，但推销产品是一个既耗费时间又耗费钱财的过程，鲍尔斯需要别人的帮助。

1929年12月，鲍尔斯来到亚特兰大拜访了罗伯特，努力为自己的公司筹集资金。他一如既往地施展出自己的天赋，为罗伯特生动地描绘了一番美好的前景，暗示他不要错失良机。鲍尔斯坚信德国人对可口可乐的印象要比美国人对它的印象更好，而取得成功最重要的因素是时间。在德国建立市场和在美国、加拿大一样，都需要足够的时间，而未来的成功也是毋庸置疑的。

罗伯特把鲍尔斯送回德国，并称自己想再考虑一下他的提议。两个月后，1930年2月10日，罗伯特邀请鲍尔斯到纽约比特摩尔酒店参加会议，并简要说明了他准备进行的交易。为了让埃森装瓶厂可以在1930年恢复生产，罗伯特将给鲍尔斯提供一万美元的贷款。作为交换，罗伯特想要得到财产的第一抵押权。鲍尔斯接受了这笔交易，他们当场签署了文件。不同寻常的是，罗伯特是以洛哈瓦公司的名义签署合同的，而该公司是他用于秘密商业活动的子公司。

事实上，该合同在德国会遇到一些问题，如同欧洲其他国家一样，德国法律对于外国人的私有财产权、产品售卖权以及其他商业行为有着严格的限制。按照合同规定，如果鲍尔斯经营失败，他的装瓶厂将归洛哈瓦公司所有。但洛哈瓦公司是一家美国本土公司，不能在德国本土合法拥有或者经营任何公司。

罗伯特和哈罗德·赫希在研究这个问题时，发现它不仅仅是一个技术性问题。他们得知近年来荷西与欧洲各地的装瓶商签订合同，却从未关注当地法律中关于外国人财产权的详细规定。在罗伯特专注于其他事务时，可口可乐公司已经进行了所有权和设备的交易，签署合同并雇用员工，而这一切都未得到当地政府的许可。公司的每一家装瓶商都面临着一定的风险，而公司的商标同样如此。荷西坦白公司存在“非法运营”的危险。

为了应对这种糟糕局面，罗伯特和赫希创立了一个新的实体公司——可口可乐出口公司，该公司归洛哈瓦公司所有，罗伯特为总裁。同时他们派荷西尽快前往欧洲大陆，创立一系列关系错综复杂的新公司，包括总部设在卢森堡和荷兰的外资控股公司，这样的所有权链符合法律要求。鲍尔斯回到了亚特兰大，为了适应新的资产运作模式，他的工作安排被调整了。

这些仓促的行动引起了欧内斯特·伍德拉夫的注意，他对此充满了悲观看法，但他没有进行任何干预。伍德拉夫开始避免与儿子在公司政策方面发生冲突。当他们在董事会上争执时，其他董事会倍感不安。所以当他与罗伯特的意见出现分歧时，他会选择不出席董事会，让罗伯特自己做决定。

起初，鲍尔斯并没有回报罗伯特对他的信任。他刚回到埃森就开始不停地要钱，因为他把一半的贷款交给了他的德国合伙人，否则对方就威胁要起诉他。剩下的5000美元他在不到一个月的时间里花完了，现在他还需要5000美元。罗伯特勉强同意再贷一次款。

罗伯特派了一个会计师去查看鲍尔斯的账本，会计师称鲍尔斯所处的境况很危险，因为他向德国政府提交了虚假的报税表，可能面临被捕的命运。埃森的市政当局还威胁要对鲍尔斯处以高额罚款，因为他在门外张贴了太多广告。

但最重要的事实是，可口可乐在德国的销售量翻了一番。鲍尔斯相信德国人会喜爱可口可乐，这个想法似乎得到了验证。尽管存在一些账目造假、赤字、坏账等问题，但鲍尔斯仍然是一位优秀的营销人才。罗伯特决定投资十万美金在德国建立装瓶总公司，由鲍尔斯担任总经理并拥有部分所有权。

随后，罗伯特收回了荷西对可口可乐欧洲公司的控制权，这是由于荷西自身的局限，尤其是他对底线问题缺乏足够重视。

如果公司要冒险投入大量资金以开辟德国市场以及其余西欧市场，就必须由严格遵守纪律的人来负责。

基恩·凯里是一个合适的人选。他在多伦多经营加拿大分公司，在公司内部建立了极为严格的规章制度，每年可以创造可观的利润。他自豪地称自己是一个“效率专家”，罗伯特委派他为刚进入公司的年轻人才提供基础培训。

在工作中，凯里是一个节约意识很强、对程序要求极为严格的人，他在德国的使命正是用自己的这种品质来影响鲍尔斯。他们第一次见面的地方是科隆——新的装瓶公司的总部所在地。事后鲍尔斯回忆起当时见面的场景，他说自己从埃森开车去迎接凯里，双方见面之后，鲍尔斯伸手要帮凯里拿行李，而凯里粗鲁地把他推到一边，鲍尔斯感到很吃惊。凯里说：“把我的行李交给别人，我不放心。”自此之后，他们的关系始终很疏远。

凯里开始掌管德国分公司。他设计了一个装置，这是一个用皮革制成的手提箱，内衬铁片，里面放着六瓶冰镇可口可乐。鲍尔斯和其他销售员拖着这个箱子前往各个酒馆，以确保他们兜售的产品是冰镇的。他们的任务是在“坐下点饮品之前先找到酒馆的经营者，如果对方不在，这样就可以省下点饮料的钱”。凯里还规定了推销可口可乐的标准广告语：可口可乐是纯天然、有益健康、经过彻底检验、安全、美味、使人神清气爽的一种饮料。而且他加上了一个在美国很少出现的说法：可口可乐能有效缓解宿醉的症状，对于啤酒嗜好者的作用尤其明显。

鲍尔斯向罗伯特、哈里森·琼斯、赫希以及他能接触到的公司总部的其他人，抱怨在凯里的严厉监管下工作的艰苦，但是公司取得的成就有目共睹。鲍尔斯是一个辛勤工作的员工，一旦他的工作受到管理，他就可以为公司带来更大销售量和利润。1932 年 3 月，埃森工厂共销售了 4000 瓶可口可乐。当年，可口可乐在德国的销售量突破 6 万瓶。这是公司在北美市场之外取得的首次成功。

但可口可乐的未来发展仍然充满风险。由于时局变化多端，国家陷入前所未有的萧条之中，决定公司未来道路的责任落在了罗伯特的肩上。

1931 年年底，人们普遍预测禁酒令即将废除，而可口可乐的销量可能因此受到影响，这是可口可乐公司最担心的事。在华尔街，可口可乐营业额下降的传言传遍了金融界，同时公司的股票价格又开始跌落，更加坐实了传言。

为了使公众相信可口可乐的未来不会受禁酒令废除的影响，罗伯特在《巴伦》杂志、《华尔街日报》、《福布斯》杂志等媒体上刊登了相关文章。但是这个策略适得其反，加深了人们对公司所处困境的疑虑。新一轮的股票抛售开始了，可口可乐普通股的价格下降至每股 100 美元，这是 1928 年贸易战中最高价格的一半。

令罗伯特懊恼的是，他不得不最后一次向他的父亲求助。可口可乐的销量和利润连续八年大幅增长，然而它还是再次陷入迅速衰退的状态中，十年前公司在面临同样的情况时几乎被彻底毁灭。

伍德拉夫结束了他的半退休状态，重新回到信托公司，重组他的可口可乐股票财团，怀着几年前他卖出股票时的冲动和愤怒，开始买进普通股。伍德拉夫和他的核心圈子成员极力谴责可口可乐即将毁灭的谣言，他们发誓要把市场上流通的每支普通股都买回来。

一个星期五下午，当股票价格还在跌落的时候，伍德拉夫完成了一笔15000股股票的订单。他向纽约的几家银行争取了几百万贷款，以使信托公司和其他亚特兰大的机构可以加大放贷力度，减轻公司一些大股东的压力。伍德拉夫自己把股票借给负债的罗伯特以及其他人，弥补他们的抵押品价值的损失，以避免他们丧失抵押品赎回权。

在伍德拉夫财团的努力下，可口可乐普通股的价格下降速度减缓了。乔治亚州的人在可口可乐公司上投的钱比在南方其他公司都多，用一位亚特兰大金融家的话说，股票价格的突然暴跌“会导致区域性的恐慌”。似乎是为了反映强烈的恐惧已经席卷了参与其中的所有人，可口可乐公司在一则报纸广告中描绘了一个焦虑的商人——很明显是股票经纪人，他一手抓着电话，另一只手拿着一瓶可口可乐。广告文案是：“停下来，让紧张感消失。”

紧张感的确消失了。到1932年春天时，公众的恐慌情绪暂时平息了。但在这一年的年底，公司股价跌入谷底，可口可乐普通股价格跌至68½，下降了三分之二，但是这样的局面没有引起任何恐慌，因为股东们知道如果必要的话伍德拉夫的财团总会出手买进的。

对罗伯特来说，依赖父亲帮助的代价是巨大的：他必须面对父亲的关于如何运营公司的一系列建议。伍德拉夫要求对公司员工从上到下进行全面减薪，罗伯特对此尤其反对。最终，董事长布拉德利出面支持罗伯特。“坦率地说，欧内斯特，”他向他的老朋友写道，“对于你对可口可乐公司管理的一些看法，我并不认同，我认为我们不应该对员工进行减薪，因为他们为公司付出了卓越的努力，况且我们在 1929 到 1931 年的净利润不容许我们这么做。”

伍德拉夫对减薪及大力缩减其他经费的要求被董事会驳回了，正如他的其他干预措施所收到的效果一样。罗伯特和十年前的山姆·多布斯的观点一样，认为经济效益越差，公司越应该多投入，尤其是在广告上。但与多布斯不同的是，罗伯特有血缘关系的支持并且有足够多的董事会成员的支持，因此能在他父亲面前坚持自己的观点。

1932 年 11 月，在大衰退的漩涡中，市场渐渐萧条，许多小型经销商不是倒闭就是资金短缺，一次只能购买半天所需要的可口可乐。此时罗伯特宣布，公司在 1933 年将追加 100 万美元的广告费。

罗伯特还做了一个至关重要的决定。国会即将批准酒精含量为3. 2%的啤酒——即所谓的淡啤酒——的销售，以此作为废除禁酒法案的过渡。公司许多员工害怕啤酒的回归会影响可口可乐的销量，因此琼斯提出了一个解决方案：制造可口可乐啤酒。公司拥有1250家独立装瓶商，近100万家零售店，而且公司位置得天独厚，可以向全国各地销售自己的品牌。

但有些事情让琼斯意识到他的建议可能不会吸引罗伯特。罗伯特坚信可口可乐公司只能有一种产品，他不会让这个商标代表其他任何事物，他不能接受可口可乐啤酒的出现。

1932年即将过去，没人知道罗伯特的决定是否正确。但是新年来临前的三天，山姆·多布斯在给一个朋友的信中写道："如果我现在有100万美元现金可以投资，我会毫不犹豫地全部投入可口可乐……"

第七章

百事可乐

大萧条期间，大多数企业不再花钱做户外广告，于是一些广告主选择免费给可口可乐公司做广告。与其让绵延数英里的广告牌白白空着，他们更愿意展示由阿奇·李为代表的艺术家和画手创作的令人愉快的图画，这些广告画拥有直击人心的力量。

李意识到可口可乐和美国人民之间正在形成一种特殊的联系。在1933年发表的畅销小说《安维式》中，辛克莱·刘易斯笔下的主人公把喝可乐作为日常生活的一部分。“在我看来此事意义重大。”李在写给罗伯特的信里这样说。他解释道：“作者试图创造‘一个典型的普通美国人的生活情境，其中包括可口可乐’。”

在20世纪30年代早期，可口可乐的名字出现在2万栋墙、16万个广告牌以及全国各地的500万个冷饮杯上，而可口可乐在报纸和杂志上刊登的广告总量达到了4亿。

人们对可口可乐广告产生的兴趣是显而易见的。

可口可乐公司及其装瓶商也有针对儿童的营销策略。公司遵照国家政策，没有选用12岁以下的孩子参演可口可乐广告，但是当小孩子长到6岁进入一年级之后，他们就成了市场营销的对象。例如，在俄亥俄州的代顿，当地装瓶商将公司制造的“可口可乐自然学习卡”分发到他们经营范围内的198个学校；在堪萨斯城，装瓶商为当地学校提供了一辆色彩斑斓的公交车供外出使用，还推出了一个名为“约翰哥哥儿童俱乐部”的每周广播节目。

在公司的早期圣诞广告里，圣诞老人被描绘成一个在百货商店里穿着制服的普通人，在商店拥挤的人群中暂停工作，休息片刻的人。但是李想要的是一幅奇幻的、生动的、描绘“真正的”圣诞老人在工作时喝可口可乐的情景的广告画。珊布完美地领会了他的这一想法。他笔下的圣诞老人是一个快乐的、胖胖的、面色红润的荷兰大叔，这个大叔笼罩在温暖的光芒中，他喜欢在寄送来自北极的礼物时喝可口可乐。珊布的广告的智慧之处是，圣诞老人没有试图将可口可乐强加给任何人，无论是小孩还是他们的父母。相反，圣诞老人只是在工作室制造玩具以及滑下烟囱送礼物时喝可口可乐。

在某一年的广告中，珊布描绘了圣诞老人在壁炉上的长袜边惊喜地发现了一瓶可口可乐和一张孩子写的潦草的纸条，上面写着：“亲爱的圣诞老人，请留在这儿——吉米。”

可口可乐公司从来没有为了向儿童直接推销产品而去过度消费圣诞老人的故事，但是公司会尽一切努力让可口可乐成为美国故事中的一部分，所有美国人都被包含在这个故事中，无论老幼。

面对禁酒法案的废除所带来的危机，公司以一贯的就事论事的现实主义态度维护公司的利益。可口可乐的广告总监特纳·琼斯发起一项活动，旨在与普通啤酒及重新开始出售的烈酒争夺市场。在琼斯看来，公司必须调整营销策略，重点强调他所说的“我们的产品令人兴奋的特点”，他想把可口可乐描述为一种提神品，间接暗示啤酒会导致醉酒、嗜睡和发胖。

在上述营销思路的引导下，可口可乐公司于 1933 年推出了一系列名为“回归自然”的杂志广告，画风怪异而复杂。广告画中人们的脸像是戴着面具般疲惫不堪。但喝了一小口可口可乐之后，他们的疲惫立刻消失了，他们内心的渴望与活力被重新唤起。

罗伯特同意大力宣传可口可乐“消除各种疲乏”的作用。一则刊登在《女性家庭杂志》上的广告很典型地体现了这一宣传策略。广告里，两位苗条、健美的女子站在潜水板上，上面的标题写着：“保持健康的感觉。”几年来，可口可乐公司都在小心翼翼地回避其产品的治疗功效，现在，公司要重回此点。

罗伯特和其他人担心的反击从未出现。唯一反对可口可乐的声音出现在 20 世纪 30 年代初，来自于伊利诺斯州的一名医生。他在《美国医学协会杂志》上警告道：青少年正沉迷于在可口可乐中添加阿司匹林，使其具有类似于毒品的会使人上瘾的特性。而公司有意忽视这篇报道，认为这种说法听起来很荒唐，无需特意澄清，其影响也会逐渐消散，事实也的确如此。主流观点认为可口可乐是一种温和的、良性的提神剂，像茶对英国人一样，是美国人生活中熟悉、有益的一部分，现在这种观点更加深入人心。

对于酒的回归，公司毫无压力。阿奇·李从不认为啤酒对可口可乐构成了真正的威胁，他的观点是对的。他曾对罗伯特说：“认为喜爱可口可乐的人会突然改为喜欢啤酒，这种想法是毫无道理的。”

投资者们发现他们的担心是没有根据的，于是开始了连续两年的抢购，推高了可口可乐的股价。1935 夏天，股价涨为破纪录的 224.75 美元，这是纽约证券交易所中的最高数字。公司的复兴完成了。

但此时，公司又面临着一个难题：百事可乐的出现。

在长达十几年的时间里，可口可乐几乎独霸市场。1920 年美国最高法院判决美国科克公司败诉，这一案件吓跑了大多数模仿者，剩下的生产商也因当年的糖浆价格暴跌而破产。

在接下来的几年中，哈罗德·赫希在公司法律部组建了一个律师团。这些人为保护可口可乐商标而走遍全国各地，寻找侵权者，提起诉讼，将大大小小的生产商推上被告席，而等待他们的是一系列禁令。

有些侵权者明目张胆地仿冒可口可乐，这些人理所当然地受到了法律制裁。可口可乐公司坚决反对任何人使用“可乐”一词，这样的强硬姿态开始给人以寻求行业垄断的印象。在联邦法院和公众看来，“可乐”这个概念正在改变，它是一个通用名词，意思是深色的、以糖为主要成分、含有咖啡因的碳酸饮料，可口可乐公司无权成为制造和销售它的唯一品牌。很多人看到了可口可乐公司的巨大利润，对其公司独揽财富感到不满。

对公司名誉和合法地位损害最大的，莫过于一个名为“贸易研究部门”的组织的行为。在这个委婉的名称之下，该组织的调查员的主要活动是对冷饮柜经营者进行威胁、报复，理由是这些人疑似用廉价的仿冒品代替可口可乐。长此以往，调查员几乎把自己当成了执法人员。在赫希和公司其他管理人员的鼓励下，他们变得越来越狂妄，以审查者自居，自以为无论他们做什么，都不仅是在维护公司利益，也是在守护正义。在这种情形下，越界的行为在所难免。

查尔斯·古斯是德国移民的儿子，在费城长大。1900年，他搬到了巴尔的摩，自己开了一家店，经过一番波折后终于成功地制作出一种巧克力饮料，他将其命名为“梅维斯”。

20世纪20年代末，古斯把办公室设立在巴尔的摩的坎德勒大楼四楼，紧挨着可口可乐公司东部地区总部的行政部门。可口可乐公司的人不喜欢古斯，因为他喜欢接近公司的装瓶商并贿赂他们的销售人员，目的是让他们把生产并销售“梅维斯”作为副业。

到1931年，古斯已收购两家连锁糖果店，在纽约设有225家分店，其中大部分店里的冷饮柜都销售可口可乐。

古斯每年要购进3万加仑的可口可乐糖浆，他坚信自己应该得到优惠。他拜访了可口可乐公司在巴尔的摩的负责人尼尔·哈里斯，说明了自己的情况。哈里斯拒绝了他的要求，并声明公司仅向授权批发商销售糖浆，从不直接向零售商销售。古斯要求哈里斯把他当作批发商，给予他更低的价格，哈里斯断然拒绝。愤怒之下，古斯命令他所有的糖果店停止销售可口可乐。

古斯开始寻找可口可乐的替代品，就在此时，百事可乐公司自成立以来第二次破产。古斯与百事可乐公司的债权人谈判，要求用12000美元购买他们的商标和配方，这项交易几乎没有任何困难就达成了。古斯对配方根本不感兴趣，但商标却是无价的：由于历史的偶然，百事可乐从未因商标而受到可口可乐公司的起诉，自然也未被法院裁定为侵权。

百事可乐在世纪之交兴起于北卡罗莱纳州的新伯尔尼。一个名叫卡雷伯·布莱德汉姆的药剂师创造了这种饮料，并注册商标。毫无疑问，卡雷伯·布莱德汉姆受到了阿萨·坎德勒的可口可乐的启发，但百事可乐至少在组成成分上略有不同：它含有胃蛋白酶，这是一种消化酶，最初被当作一种养胃剂销售。布莱德汉姆取得了相当大的成功，百事可乐在弗吉尼亚和卡罗来纳州很流行。到1915年，布莱德汉姆宣布百事可乐公司在24个州拥有近300个特许经销商。

在可口可乐公司提起的众多侵权诉讼中，布莱德汉姆和他的产品为什么没有包括其中，这一点是很难解释的。据哈德罗·赫希说，在他和萨姆·多布斯掌管公司的法律事务前，他想过起诉百事可乐公司，但这个想法被约翰·坎德勒否决了。后来，赫希的态度发生了戏剧性的转变。在另一起侵权案件的质证过程中，他表示百事可乐并未侵犯可口可乐的商标，造成这种巨大转变的原因可能是，等到赫希有机会起诉百事可乐的时候，这个竞争对手已经发展壮大，赫希害怕可口可乐公司会输掉官司。

对于即将倒闭的百事可乐公司而言，起诉其商标侵权与否显然毫无意义。但对于其他生产商而言，未被判为侵权的商标是极有吸引力的。1923年，“塔克可乐”的生产商在一起侵权诉讼案中败诉了，他们将产品改名为“塔可乐”，再次被判为侵权。他们又把产品名称改为“维姆可乐”，但似乎依然无法摆脱败诉的命运。这时，他们购买了百事可乐名称的使用权。有一段时间，他们用“塔克可乐”糖浆装瓶，以“百事可乐”之名售卖。然而，他们最终还是走向破产。

充分认识到百事可乐奇怪的过去和未来的前景之后，古斯相信他可以完美地利用百事可乐给尼尔·哈里斯和可口可乐公司一个沉重的教训。他请一位药剂师调配出一种糖浆，味道有点像可口可乐。古斯将其命名为“百事可乐”，并开始在他的糖果店供应这种饮料。

可口可乐公司的一些调查员冒充普通顾客来到古斯的商店，点一杯百事可乐，呷一口，然后大口吐出来，说“味道糟透了”，但这种方法并未奏效，于是赫希又派了其他调查员，试图找出证据证明古斯所卖的百事可乐是可口可乐的非法替代品。

从可口可乐公司的角度来看，他们面临的问题是古斯知道该怎么做。他很清楚，如果一个顾客点的是可口可乐，在未经顾客允许的情况下，就不能用另一种产品代替它。由于古斯的警告，他店里的大部分服务员都会认真地向顾客解释，他们拿到的是百事可乐，而不是可口可乐。但有些时候，疏忽也在所难免。可口可乐调查员一再往返于古斯的商店，终于收集到几百个他们认定为非法代替的事例。

可口可乐公司在特拉华州的威尔明顿市对古斯提起诉讼，

指控古斯的商店中存在大量的非法替代行为，要求古斯在他的店禁卖百事可乐。古斯在纽约提起一系列反诉作为回应，他指控可口可乐公司干扰其正常经营，并追讨1000万美元的损失。古斯在其中一起案件中声称，可口可乐公司曾威胁要“毁灭”他。

《纽约杂志》的编辑对两大软饮料公司之间的较量有浓厚的兴趣，称其为“世纪饮料之战”。1933年6月第1周，这场“可乐战争”在威尔明顿市的衡平法院①拉开序幕。赫希让他的调查员一波接一波地出庭描述那些非法替代的事例，即当人们点可口可乐时，古斯商店的服务员却端上了百事可乐。随着证人陈述环节的进行，沃尔科特法官变得越来越愤怒，他认为替代行为显然是存在的，甚至是大范围存在的。但古斯一方拿出了确凿的证据，证明商店经理已命令其雇员不能那样做。但可口可乐调查员将目标锁定在一些疏忽大意的服务员上，一次次制造“陷阱”，诱使他们犯错，并对这些错误加以利用。

沃尔科特法官判决古斯胜诉。法官说，如果可口可乐公司有证据证明在古斯的商店里存在用其他饮料代替可口可乐的问题，恰当的回应方式是以书面形式将相关情况告知古斯，从而使他有机会制止他的员工，自行解决问题。但可口可乐公司专注于从那些常犯错的商店里收集证据，而且并未将这些情况告知古斯。事实上，他们所做的恰恰相反。

---

① 衡平法院，又称“大法官法院”，由大法官独自审理案件，陪审团不参与审判。(编者注)

这个判决对是古斯而言是一个伟大的胜利，但它也带来了一定的代价。沃尔科特法官并不完全相信古斯，他知道古斯不是无辜、单纯的人，因此他判决由古斯支付这起案件的法律费用，此项费用高达 6 万美元。双方都很痛苦，沃尔科特制造了一个两败俱伤的局面，他确信双方的斗争将继续下去，积怨将进一步加深。

古斯决定与可口可乐展开大规模的竞争。他将市场拓展到纽约以外的地区，覆盖了东北部和大西洋沿岸的大部分地区，并开展装瓶业务，将竞争的重点由冷饮柜转向越来越有利可图的杂货店和其他零售店。

起初，古斯遇到了许多困难。他尝试用 6½盎司的瓶子装百事可乐，和可口可乐的瓶子一样大小，但他发现在这种情况下百事可乐没有竞争优势。他试着加大瓶子的尺寸，提高价格，也没有成功。1933 年底，面对一系列失败，他甚至派人到亚特兰大试探可口可乐公司有没有兴趣收购他的公司，但可口可乐公司拒绝了。

后来，古斯想出了一个绝妙的主意。百事可乐的名声无法与可口可乐相提并论，但它可以以同样的价格卖出两倍的量，这一点能迅速吸引所有消费者，尤其是在整个国家陷入“大萧条”的时期。

几乎是在一夜之间，装在笨重的 12 盎司瓶子里的百事可乐的销量开始上升。在纽约及东北部地区其他主要城市中，可口可乐始终没得到真正的普及，未能建立起忠实的用户群，而百事可乐却因其实惠的价格在该地区受到格外欢迎。1934 年，古斯出共售了价值 45 万美元的百事可乐，总收入约为 9 万美元。

虽然百事可乐的销量只有可口可乐的百分之一，但这一竞争对手的出现还是激起了可口可乐公司的愤怒和不安。罗伯特从未说过“百事可乐”一词，直到 20 世纪 60 年代，公司内部通信中仍用“冒牌货”来称呼这个竞争对手。

1934 年夏天，百事可乐进军加拿大，此时罗伯特对古斯的蔑视开始转化为憎恨。古斯觊觎并试图窃取可口可乐在蒙特利尔及加拿大其他城市的巨大市场，这一点已经让罗伯特非常恼火。而古斯窃取市场的手段更是摆明要激怒罗伯特：古斯雇用了可口可乐公司在欧洲的高管霍克斯，任命他为百事可乐加拿大分公司总经理。罗伯特本将忠诚视为至高的美德，这次下属的背叛使他下定决心，要不惜一切代价打败古斯和百事可乐。

但是，在与古斯一决胜负之前，伍德拉夫要解决的首要问题是确保可口可乐的销售。

就整体而言，在顺利度过了“大萧条”和禁酒令废除的危机之后，可口可乐公司的实力变得更加强大，当然也变得更加富有。罗伯特总算还清了债务并挽回了损失。

但与此同时，公司内部的形势也变得更为错综复杂。罗伯特的目标是成为公司中的绝对权威，从董事会成员到看门人都必须完全听命于他，他希望公司里的大小事务都由他做主，对于持不同意见的人他无法容忍。

拉普敦一直嘲笑罗伯特的高管团队是“幼儿园”，并要求自己设计广告。他不信任公司的冷饮柜推销员，多次指责他们压低杯装可乐售价，妨碍装瓶商的销售。

为了摆脱拉普敦，罗伯特开始与怀特海的遗孀和儿子进行谈判，要购买他们总公司的一半股份。

怀特海家族同意出售装瓶总公司的股份，以换取可口可乐公司的普通股。从他们的角度来看，这笔交易的影响不大。但对罗伯特而言，这笔交易有几个重要的意义。一方面，他可以借此迫使拉普敦也卖出股份。现在罗伯特成了与拉普敦地位相当的合伙人，无论双方产生什么分歧，罗伯特都能与拉普敦相抗衡。面对这样的局面，拉普敦放弃了与总公司的斗争，他默默地投降了。他像怀特海家族一样出售了自己的股份，然后退休了。

另一方面，这笔交易标志着罗伯特与他父亲的关系的转变。显然，他父亲反对与装瓶总公司的交易，更准确地说，他父亲对他谈判的方式一直持批评态度。但罗伯特没有听从他父亲的观点，他坚持自己先前的判断。在威廉·布拉德利及其他董事、包括伍德拉夫的长期代理汤姆·格伦的支持下，他完成了这笔交易。像往常一样，伍德拉夫在交易被批准时拒绝参加董事会会议，但他愤怒的反抗似乎不再起什么作用了。随着公司恢复盈利，董事会已重新建立起对罗伯特的信任。与装瓶总公司的交易，标志着伍德拉夫不再试图在公司事务上左右儿子。

最后，最重要的是，罗伯特与怀特海家族的谈判使他与约翰·西布利建立起密切关系。西布利是金·斯伯丁公司的律师，

1920年装瓶总公司起诉可口可乐公司时，是他帮助装瓶总公司打赢了这场艰难的官司。现在，西布利的公司依然代表怀特海家族，而怀特海家族拥有大量可口可乐普通股，因而其在公司的所有权上有了一席之地。罗伯特很喜欢西布利，他很欣赏西布利的性格——绝对的谨慎、与生俱来的保守主义以及敏锐的直觉，尤其是他的争强好胜和好斗的本性，都与罗伯特自己的性格很像。十年来，罗伯特一直试图组建自己的管理团队，以便完全按照自己的意愿经营公司，而西布利的出现使罗伯特感到自己的计划终于要实现了。

在与怀特海家族交易的几个月中，罗伯特与西布利建立了密切的关系，这种关系一直保持到两人90多岁。西布利在很短的时间内升任罗伯特的顶级顾问，参与公司的法律、人事、政治活动、广告和基本商业策略等问题的决策。西布利还成为罗伯特的私人律师，罗伯特很快将他列入公司下一任董事长的人选。

西布利给可口可乐公司带来了永久性的影响。20世纪30年代后期，面对与百事可乐及其他软饮料的激烈竞争，可口可乐公司走到了一个岔路口。它可以选择在市场上竞争，利用广告和营销去赢得美国人民的好感；它也可以采用法律手段，依靠律师在法庭上据理力争。结果可口可乐公司选择了第二种方式，这在很大程度上是因为西布利。

1934年底，罗伯特把可乐公司总部搬到特拉华州的威尔明顿，因为他担心乔治亚州州长尤金·塔尔梅奇将对富人持有的证券征收重税。但赫希不愿离开亚特兰大，他拒绝搬到威尔明顿。据说，这就是他被西布利所取代的主要原因。然而，事实并非如此。罗伯特搬到威尔明顿的举动有一点“装模作样”。他在那里租了一所房子，并将他原先的办公家具搬去，但他大部分时间仍留在亚特兰大。

导致西布利和赫希冲突加剧的更深层次的原因是，西布利不赞同赫希处理公司法律事务的方式，无论是税务规划、政治游说还是与竞争对手的斗争策略。

赫希想结束与百事可乐的斗争。他承认，在美国攻击百事可乐的商标已为时已晚，因为它已有几十年的历史。不过，他想出一个侧面进攻的主意——攻击百事可乐的加拿大分公司，古斯在这里的生意才刚刚开始。决定商标有效性的关键因素之一在于它成立了多久，而在加拿大，百事可乐还是个鲜为人知的新事物。

西布利对赫希的想法持否定态度，他认为起诉百事可乐加拿大分公司未必能成功，即使成功也无助于美国本土市场上的问题。以赫希拒绝前往威尔明顿为契机，西布利代替赫希成为可口可乐公司的总法律顾问，并接管公司法律事务。但是，罗伯特和董事会允许赫希在加拿大起诉百事可乐公司，仿佛这是对他 30 年来忠诚工作的最后肯定。

1936 年 5 月 30 日，可口可乐公司加拿大分公司在渥太华起诉百事可乐。

几个月后审判开始了，起初赫希处于有利地位。古斯被卷入了另一起美国国内的诉讼案中，无法集中精力应对加拿大的诉讼。虽然正式判决要到几个月之后才会下达，但法院明显支持可口可乐。

在赫希的支持下，可口可乐公司的加拿大律师罗素·斯马特决定不出示任何证明消费者被百事可乐的名字所欺骗的证据。这可能是因为他们害怕耗尽法官的耐心，也可能是因为害怕舆论指责他们的行为太过火，在美国的非法替代案中他们就曾面临这样的指责，至今仍为此心有余悸。斯马特和赫希选择了为期两天的快速审判，他们坚信可口可乐公司会胜诉，因为在他们看来，百事可乐制造仿冒产品以抢夺可口可乐市场的事实再清楚不过。

但是他们犯了一个大错。商标法是一个复杂的问题，在加拿大的案件中，可口可乐公司没有安排证人出庭证明自己被百事可乐的商标所误导，而是把侵权问题完全交给法官判断，这样的做法很容易导致上诉法院对判决结果的质疑。

1933 年，海因斯作为秘书和会计加入公司，但他真正的兴趣是维护公共关系。

美国人对可口可乐的喜爱使海因斯心怀感恩，他认为必须巩固可口可乐在美国人心目中的地位。他极力鼓动罗伯特："如果我们能抓住机会，我们就能让可口可乐成为国民品牌。"

1936 年是可口可乐公司成立 50 周年，在海因斯看来这是把可口可乐打造为美国标志的最好时机。他委托达奇广告公司的写手撰写了一本颂扬可口可乐历史的小册子，但对他们的成果并不满意，最终他亲自完成了这项工作。

海因斯决心为可口可乐赋予恰当的历史地位，他这样描述可口可乐诞生的历史情境：1886年，时任美国总统的克利夫兰在白宫举行婚礼，维多利亚女王即将迎来登基50周年的庆典，南非的德兰士瓦发现了黄金，一家法国公司开始修建巴拿马运河，而一位天才发明了可口可乐。

除了罗伯特，海因斯是可口可乐公司中的唯一一个真正具有大视野的人，他迫切希望将公司的经营重心从“穷乡僻壤”的亚特兰大和威尔明顿转向灯火辉煌的纽约。他坚信公司要想蓬勃发展，就必须融入国家的文化和经济中心。观念的巨大差距使他和西布利自然而然地成了对手。

20世纪30年代后期，在西布利的逐步推动下，可口可乐公司与其竞争对手在商标问题上走向最后的摊牌，而海因斯在其中试图调节关系，缓和矛盾。他不想与公司的竞争对手发生冲突，而是想把他们争取过来。罗伯特敏锐地意识到了西布利和海因斯之间的分歧。在许多情况下，他鼓励双方各执己见，并在实践中验证双方对公司现状及前景的认识孰是孰非。

可口可乐公司正在创造非凡的成功。公司的股票价格继1935年达到历史新高之后继续攀升。公司的市值已超过5亿美元，是欧内斯特·伍德拉夫1919年收购公司时所支付价格的20倍。可口可乐的销售量在1933~1937年间翻了一番。公司年收入突破5000万美元大关，并在20世纪30年代末向着1亿美元的目标稳步迈进。在这样的形势下，罗伯特的首要任务是保住公司的发展势头不被破坏。但是，让公司保持健康发展并不是一件容易的事。

可口可乐起诉百事可乐加拿大分公司后不久，在一次董事会上，哈德罗·赫希宣布不再参与公司的法律事务，并将工作移交给西布利。

西布利要对可口可乐的竞争对手进行全面攻击，他为这场大战制订了一个作战计划。他下定决心要将百事可乐及其他可口可乐的模仿者彻底逐出市场，绝不妥协。

然而，并不是公司中每个人都认同西布利的观点。海因斯认为可口可乐的竞争对手之所以进入市场，并不是因为他们欺骗了消费者或做了任何非法的事情，而是因为他们的产品价格更优惠。

哈里森·琼斯也认为竞争是不可避免的。他认为公司不应该在法庭上浪费时间，而应利用商业手段进行市场竞争。

达奇广告公司的阿奇·李和其他人员在工作上几乎寸步难行，因为西布利和公司其他律师为了最大限度地保护商标，编制了一套极其死板的规则。第 1 条规则（在备忘录中占了两页半）是：不能把可口可乐的名字分成两行。第 2 条规则是：对商标的风格、颜色的任何改变以及商标的使用必须得到法律的批准。这样的规则共有 24 条之多。

西布利决心与那些滥用商标的人斗争到底，不管在公司内部还是外部。他明白要取得胜利有多么困难，但他不在乎。他厌恶那些“窃取”可口可乐的名字、“盗用它的名誉”的模仿者，力主以法律手段制裁他们。他平均每周起诉一次。

公司内部形成了对立的两派，未来何去何从，必须做出决定。罗伯特适时地做出了决定，他选择站在西布利一边。

有些人被罗伯特的选择所震惊，他们想不通他为什么不把精力用在广告和营销上（过去50年来公司在这些方面一直是非常成功的），而是抓着法律问题不放。这些人没有考虑到他对公司产品的复杂态度。罗伯特对可口可乐有一种发自内心的崇敬，他坚信可口可乐代表着一种理想。面对竞争，大多数高管都考虑做出改变，然而罗伯特却不这样想。在他看来，没有所谓的“新的”“改进版的”可口可乐，因为可口可乐已经是完美的，重点不是与其他软饮料竞争，或强调可口可乐比其他软饮料“更好”，而是要坚定这样的信念：可口可乐是与众不同且至高无上的。当然，还要起诉那些不赞同这一点的人。

1938年7月17日，庭审结束后一年多，麦克莱恩法官终于对加拿大案做出判决。不出所料，可口可乐公司胜诉。

西布利对判决结果很满意。对他而言，案件本身胜诉与否并不重要，重要的是他可以借此实现升级作战的计划。他一直苦于找不到一个继续攻击百事可乐的突破口，而现在，他相信百事可乐将为他提供这样的突破口。古斯和他的律师会以某种方式来回应加拿大判决，西布利确信他们会犯错，从而给他以反击的机会。他信心满满地向罗伯特保证：“一个没有原则的企业，一旦有机会，就会犯根本性的错误。”

百事可乐的律师仿佛有意证明西布利的话，他们纷纷涌进纽约皇后区法院，控告可口可乐公司以“恐吓、威胁及骚扰”的手段牟取垄断地位，他们甚至请求美国专利局取消可口可乐的注册商标。

对于西布利来说，不幸的是他即将面临的对手并不是古斯。加拿大案宣判几天后，特拉华的一名法官裁定古斯获取百事可乐所有权的行为是不正当的，其所有权应归于洛夫特公司。可口可乐公司突然发现其敌人不是古斯，而是一个名叫沃特·麦克的圆滑世故的投资人，他多年来一直在抢购洛夫特的股票。

沃特·麦克是一位受人尊敬的商人，一位纽约犹太社区的精英。可口可乐公司战胜麦克的希望渺茫，西布利不得不转移焦点，改变战略。西布利认为，要想维护公司利益，就必须严格限制其他制造商在商标和广告里使用“可乐”一词。为了证明自己的观点，西布利开始将注意力转向另外二起诉讼，被告方分别是帝西可乐和皇冠可乐的制造商。西布利如果能使法院判定这两个公司侵权，就可以构筑一道更强有力的防线，以保护可口可乐的商标。

西布利不遗余力为这两个案件做准备。这项工作不仅辛苦，还需要付出代价。

1938 年 11 月初一个星期六的早上，西布利昏倒在办公室里，昏迷时间长达 5 分钟。这件事对他触动很大，他害怕自己得心脏病，请求罗伯特让他休息一段时间。

这件事动摇了罗伯特对西布利的战略的信心，促使罗伯特开始考虑，是否可以用法律之外的手段解决百事可乐的问题。沃特·麦克开始接触罗伯特，拿出一套解决双方分歧的方案，并试探罗伯特的意见。罗伯特迟迟没有表态，但他在一张纸上写下了自己的内心想法："要尽可能和平解决。"

与此同时，其他的案件也在进行中。西布利坚称可口可乐公司创造了"可乐"这个词，为它赋予了所有含义和商业价值，因此其他公司无权利用民众对"可乐"的认知和喜爱去销售自己的产品。但他也承认，这样的斗争策略并不成功。

问题在于，西布利的理论很不符合常识。毫无疑问，"可乐"一词会让人们想到可口可乐，就像"啤酒"这个词可能会让人想到百威或蓝带。但从法律上讲，这并不重要，除非可口可乐公司能证明，当听到"可乐"一词时，人们只会想到可口可乐，而不是其他产品。但实际情况并非如此。当人们想买可口可乐时，他们不会说"来一杯可乐"，而会说"可口可乐"。因为他们知道，如果不说清楚，他们就可能得到别的饮料。

不幸的事情接踵而来。加拿大最高法院推翻了麦克莱恩法官对百事可乐案的判决。最高法院认为，"百事可乐"和"可口可乐"这两个名字"给多数人的一般印象是对比，而不是相似"，因此百事可乐没有侵权。

可口可乐的商标斗争陷入了法律困境，沃特·麦克利用这个机会展示他的销售天赋。他投入大量资金进行营销，例如在大学设立奖学金，开设"少年俱乐部"，还出版了以"百事"和"皮特"为主角的漫画，这部漫画在205家报纸上连载，很快获得了极高的公众认知度。在百事可乐的所有营销活动中，最成功的是一首在电台播出的15秒的广告歌曲：

百事可乐味道美
十二盎司，量更多
五分钱，两倍量
百事可乐属于你

这首歌曲广受欢迎，以至于听众主动给电台打电话，要求他们播放这首歌。据麦克估计，到1940年底，该歌曲在全美国数百家电台播放了30万次，百事可乐的销量也随之上升。经过7年的发展，百事可乐占据了美国十分之一的软饮料市场。

百事可乐的电台广告的成功令可口可乐公司愤怒。“大萧条”结束以来，电台这一新兴媒体得到了越来越多人的喜爱，但不知什么原因，可口可乐的电台广告充其量是反响平平，更多情况下收效甚微。截至1939年，全国共有2800万个家庭收听电台节目，但可口可乐的广告无法给他们留下深刻的印象。

可口可乐过去在广告上的成功依赖于视觉艺术，现在它面临的困难是不能单独通过文字和歌词去传达信息。可口可乐的广告只强调饮料的质量，对于百事可乐以同样的钱供应两倍的量并未做出回应。

1940年夏天，《消费者联盟报道》杂志的编辑做了一个测验，对比可口可乐和其他饮料的味道，结果发现没有人能辨别可口可乐和皇冠可乐或莱姆可乐的不同。(一些人发现百事可乐和可口可乐的味道不同，百事可乐更甜。)

针对测试结果，该杂志这样评论：“有趣的是，可口可乐的售价比其他品牌高一倍，也仍然能卖掉。对此，似乎只有两种解释。一种是可口可乐的瓶子带有欺骗性，通过使用‘蜂腰’和花式装饰，可口可乐公司努力使 6 盎司的瓶子看起来比实际的大。而更重要的原因是，可口可乐以惊人的营销手段，使无数人养成了不考虑任何其他饮料、只喝可口可乐的习惯。”

因为这种不假思索地选择可口可乐的习惯受到攻击，可口可乐公司变得比以往更加依赖社会声望，甚至开始在广告中走高端路线。在《妇女家庭杂志》的一幅广告中，一位贵族新娘一手抓着一束马蹄莲，一手抓着一瓶可口可乐。

与此同时，可口可乐公司又陷入了法律困境。西布利和他的律师团队克服重重困难赢得了帝西可乐案件的初审，但与其他案件一样，他们在上诉时失败了。1941 年 1 月，第四巡回上诉法院推翻了初审判决，判定可口可乐公司无权禁止竞争对手在商标中使用“可乐”一词，只要其名称没有类似“可口可乐”。

西布利想继续利用法律手段对抗百事可乐，但罗伯特阻止了他。

麦克给罗伯特打了很多次电话，甚至亲自去拜访他，想要寻求和解。此前罗伯特一直坚持让百事可乐从它的商标中去掉“可乐”两个字，但麦克拒绝了这个要求。现在，可口可乐的地位遭到严重削弱，罗伯特也有些动摇了。麦克提供了一个新方案，即在广告中淡化“可乐”一词，重点放在“百事”一词上。

西布利对此勃然大怒。他说，如果公司接受麦克的提议，就会永久性地削弱其保护自身商标的权利。公司必须保持战斗，否则会面临灾难。但罗伯特拒绝了西布利的请求，直接命令他通过协商解决此事。面对这一命令，西布利做了自认为唯一可做的事情：他来到办公室，坐在打字机前，认真地打下辞去总顾问一职的辞呈。然后，他戴上帽子，登上玛丽埃塔街上的电车，回到市中心的律师事务所，打算永远离开梅街大楼。

罗伯特亲自与麦克达成了和解方案，两人同意结束在美国及国外的法律对抗，转向市场竞争。新的时代开始了。

第八章

战争中的可口可乐

1940年5月13日，在位于布鲁塞尔的可口可乐比利时分公司，卡尔·韦斯特把所有员工召集在一起，问了他们一个紧迫的问题：是否愿意和他一起逃往法国，以躲避德军的进攻？

这些人只有一天的时间集合家人，打包个人财物，还要组织一支卡车车队以前往80英里外的边境。闪电战已经进行了三天，德国军队正在向比利时、法国和荷兰加速行进。没有人知道发生了什么，只知道所有防线都在以惊人的速度瓦解。韦斯特是可口可乐比利时分公司的经理，他想在布鲁塞尔沦陷之前尽可能地撤离公司的设备和库存。工人们表示会跟他一起撤离。

韦斯特和工人们在可口可乐的装瓶厂和仓库里疯狂地工作了一整天，忙着将糖浆和原料（包括两吨的糖）装到临时找来的五辆平板卡车、三辆厢式货车和一辆客车上。但大多数灌装设备和原料都无法带走。韦斯特注销了公司的银行账户，发给大家一个月的工资，然后把其余的10万6千法郎现金贴身藏起来。

准备时间比预计的要长，直到5月15日凌晨一点，车队终于出发了。这支逃亡队伍共有64人，其中三分之一是儿童。其中年龄最大的超过70岁，年龄最小的只有7个月大。他们安全抵达法国边境，并继续向巴黎进发。前线不断传来的战败消息迫使他们不断前进。荷兰已经投降了，比利时几乎失守，法国眼看就要陷落，也许就是几天之内的事。韦斯特和他的队伍像成千上万的逃亡者一样前往法国海岸，不顾一切地想要在德国的装甲师和空军到来之前越过英吉利海峡。

然而他们没能成功。当他们到达位于加来和敦刻尔克南部的小港口城市布洛涅时，德军前线部队赶上了他们。他们在大规模轰炸中被困了两晚，车队被埋在一片瓦砾中。四辆卡车遭到损毁，大部分货物丢失了，但所有人都奇迹般地幸存下来。

由于暂时没有办法过境前往英国，韦斯特极不情愿地得出结论：眼下最安全的做法是返回布鲁塞尔。

第二次世界大战的爆发对可口可乐公司而言是一个巨大的讽刺，因为在过去十几年努力开拓海外市场的过程中，罗伯特和他的团队取得的唯一成功正是在德国。

雷·鲍尔斯是开拓德国市场的先驱，20 世纪 30 年代，在他的经营下，可口可乐在德国每年都创造新的销售纪录：1933 年销售量为 10 万箱，1936 销售量年超过 100 万箱。鲍尔斯时刻关注着德国的形势，纳粹的罪恶行径和好战姿态越来越引起他的警惕。

1937 年，令鲍尔斯担忧的情况出现了。可口可乐在德国的一些竞争对手利用纳粹的反犹太主义政策，散布可口可乐公司的经营者是犹太人的谣言。

可口可乐的德国销售员开始遭遇公开的敌视。经历了几次销售人员被殴打的事件后，拉尔夫·海因斯赶往曼哈顿的政府大楼，找到德国总领事汉斯·博克斯，向他述说可口可乐公司在德国遭受的不公平待遇，并要求他帮助公司遏制谣言。但对方没有采取任何行动。

可口可乐公司在德国的经营变得越来越艰难且危险。受制于当时的货币政策，公司不可能从德国本土转移任何收入，鲍尔斯只能通过记假账的方式来掩盖可口可乐公司的真实利润。德国政府还严格限制进口，这使得鲍尔斯难以获得足够的原料以保证生产。

鲍尔斯明白在目前形势下必须离开德国，他计划与家人一起搬到巴黎，在那里继续为公司工作。

但鲍尔斯没能逃出德国。他在 1938 年的秋天死于柏林，死于一起普通的交通事故。在他死后，可口可乐公司的事务由马克斯·基思全权接手，这个 35 岁的德国人是鲍尔斯的副手，自从 1933 年加入可口可乐公司以来，基思对待工作的认真态度、识人用人的天赋以及出色的协调能力都给公司总部的高管们留下了深刻的印象。

现在欧洲已被卷入战争，美国迟早也会被卷入战争。如果说公司从第一次世界大战中学到了什么的话，那就是战争必将带来物资的短缺和经营规模的缩减。

面对即将到来的战争，公司的一位新律师奥勒特认为，应当将可口可乐打造成一种战时必需品。他在写给拉尔夫·海因斯的信中说："我们的公司不仅在和平时期对国家经济做出了重大贡献，在推动战时国家经济发展以及鼓舞士气民心方面也应发挥着重大作用，因此应当推动政府将可口可乐正式指定为战时的重点产业。"

海因斯意识到，许多军队长官将可口可乐视为部队中啤酒和其他含酒精饮料的理想替代品。海因斯认为这个市场开发起来难度不小，但是值得考虑。他秘密指示达奇广告公司联系全国各军事训练基地的长官，向他们宣传可口可乐。

可口可乐公司在开拓军方市场方面取得的第一项重大突破，是美国陆军部要求可口可乐公司向美军驻冰岛部队供应可口可乐。罗伯特多年来一直坚信，将可口可乐供应给军队是最符合公司利益的，既能树立公司的爱国形象，又能使广大士兵成为可口可乐的忠实消费者。

罗伯特同意将 1 万 7 千箱可口可乐运往雷克雅维克，他还同意了美国陆军部的另一项要求——为美军太平洋基地提供可口可乐。

正如奥勒特所料，美国宣布参战，政府开始对企业实行严格的限制，实际情况比他想象的还要糟。在“珍珠港事件”发生六天后，联邦生产管理办公室（OPM）发出命令，威胁要将可口可乐的生产规模削减一半。

该命令针对的是糖的供应。为了防止囤积，政府将糖的供应量限制在 1940 年供应量的 80%。不仅如此，政府还宣布禁止大量储存糖。可口可乐公司辛辛苦苦地储存了可供多年使用的糖，现在却被要求将 100 万磅的糖按成本价卖给政府。

罗伯特带着一队人前往华盛顿向政府表示抗议，但政府无动于衷。“限糖令”从 1942 年 1 月 1 日起生效，几天之内，公众就开始抱怨可口可乐供应不足。罗伯特勉强同意服从“限糖令”，但他认为这是不公平的。

然而，在“限糖令”中有一个非常大的漏洞——可口可乐在军队的一切销售享有豁免权，生产军需商品所用的糖可以不限量供应。多亏了军队销售的保障，可口可乐在 1942 年初的销量仅比前一年下降了 16%，公司原本担心的销量急剧下降的情况并未出现。

然而，公司仍然无法满足民众对可口可乐急剧增长的需求，这一问题始终困扰着罗伯特和他的员工。更糟糕的是，百事可乐公司基本上不受“限糖令”的影响。百事可乐向其装瓶厂提供浓缩物，由装瓶厂向其中添加糖。大部分百事可乐装瓶厂都能够找到补充的糖，许多厂商通过削减其他软饮料的产量来满足可乐的生产需求。百事可乐的销量增长了三分之一，这一增长主要是由可口可乐的供应短缺带来的。

为解决糖供应不足的问题，伍德拉夫的外部顾问罗伯特·米泽尔建议公司推出一种无糖的可口可乐。他认为，即使这种新产品的味道不太好，但苦于买不到可口可乐的消费者也愿意尝试一下。罗伯特拒绝了这个建议，但他勉强同意可以使用少量糖的替代物。

其他原材料的短缺也使公司备受困扰。咖啡因库存量已不能满足一个月的生产需求，其价格从每磅 1.5 美元涨到超过 7.5 美元。负责原材料采购工作的海因斯建议从尿酸和蝙蝠粪中合成咖啡因，但这个想法又被罗伯特否决了。不过，罗伯特同意暂时削减配方中的咖啡因含量。他批准了一个新的“商品 5 号”生产流程，大大减少了其中的古柯叶含量。罗伯特告诫负责修改配方的药剂师，“千万不要改变可口可乐的味道”。

一切物资似乎都供不应求——天然气、玻璃、纸板纸箱、做瓶盖用的镀锡铁皮。最后，公司甚至连胶带和其他办公用品都耗尽了。“我们的情况真糟透了。”罗伯特在写给一个朋友的信中这样说。

在欧洲，可口可乐公司刚刚起步的业务停滞不前。在英国，食品部要求可口可乐和百事可乐联合起来，为民用市场提供名为“美国可乐”的产品，以节省成本。对此，可口可乐公司决定暂停在英国的业务。与此同时，德国政府让马克斯·基思负责掌管被占领国家的可口可乐分公司的财产，他通过中立国瑞士的可口可乐装瓶商向各分公司传话，说他会尽力让这些公司生存下去。但是，因为无法获得原料，基思停止生产可口可乐，并推出一种全新的软饮料，名为“芬达”，这是一种类似姜汁啤酒的浅色饮料。

鉴于可口可乐公司在国内外所面临的经营困难，面向美国军队销售显然是扩大市场的唯一手段，但是要实现这个目标并不容易。

一方面，在美国参战之后，各种各样的弹药和食品都被优先运送，没有足够的空间运输可口可乐。另一方面，向国内军事基地供应可口可乐比较便宜，但向前线运输可口可乐成本高昂。为了让在海外作战的美国士兵能喝到可口可乐，公司必须在当地建造装瓶厂，而要想实现这一计划，就需要各驻地的军事长官主动提出要求。

第一个提出要求的是艾森豪威尔。1943 年 6 月 29 日，他从北非盟军司令部发送了一封机密电报，要求在当地建立10个装瓶厂并提供足够的糖浆，保证每月为他的士兵提供600万瓶可口可乐。

这封电报让可口可乐公司的出口部门忙得不可开交。吉米·柯蒂斯开始向各地装瓶厂索要设备、二氧化碳气体和其他材料，包括300万瓶的初始库存。随后，他来到华盛顿的战时生产委员会，并获得了优先运输权。

没有人预料到可口可乐会在美国军队中引发如此强烈的情感共鸣。熟悉的瓶子、商标和味道唤起了无数年轻战士的思乡之情，而眼下他们正在陌生的地方面对可怕的危险。事实证明，前线战士对可口可乐有着深刻、持久和真挚的感情。

美军的第一批负伤者中有一位来自堪萨斯城的年轻飞行员，他的战斗机在苏格兰上空训练期间坠毁。他颅骨骨折，一条腿断了，脸上满是伤痕，被送往医院治疗。他提出的第一个要求是想喝一瓶可口可乐，他的指挥官立即飞到伦敦给他取来一瓶，这个故事随着战事不断升级而广为流传。

可口可乐公司希望参与诺曼底登陆，但与盟军部队一同跨越英吉利海峡是非常困难的。

1943年秋天，鉴于战争形势的转变，可口可乐公司派保罗·培根前往伦敦，为参与欧洲解放做准备。

海因斯交给培根一项特殊的任务。几个星期前，温斯顿·丘吉尔的女儿玛丽来到乔治亚州的奥格尔索普堡进行友好访问。“我想给爸爸带回一瓶可口可乐，”她亲切地对媒体说，

"我在这里尽情地喝了许多。"海因斯之前试图向英国首相寄一箱可口可乐，但受制于战时规定而未能成功。现在，海因斯打算借玛丽·丘吉尔的话，让培根去伦敦拜访丘吉尔，并送给他一箱可口可乐作为礼物。

培根于 1944 年初被批准飞往英国。他开始游说英国和美国军官，试图说服他们放松限制，增加可口可乐在美国和加拿大驻军中的供应量。在他的努力下，政府同意在医院、疗养中心、军事机场、供应站和红十字中心安装可口可乐供应装置。

1944 年 4 月 27 日，培根带着一箱可口可乐和一盒拉科罗娜雪茄，在未提前通知的情况下去拜访丘吉尔首相，但丘吉尔和他的女儿出去了。第二天，一位工作人员冷冰冰地告诉培根，首相在战时不会亲笔签名或接受商业礼品。过了一个星期，培根又来了，再次试图与首相进行私人会面，但被告知丘吉尔正在与艾森豪威尔、戴高乐和伯纳德·蒙哥马利召开紧急会议，无法为接待可口可乐公司的使者而中断会议。

培根与陆军商品零售部建立了良好的关系，该部门的官员知道士兵们多么喜爱可口可乐。但是，负责运输弹药和补给品的军需官坚决反对拿出任何舱位来装饮料。培根要求向前线运送 40 万瓶可口可乐、5 万磅二氧化碳气体、150 万个瓶盖、1800 个冷却器、5 台装瓶设备和 100 万加仑的可口可乐糖浆，以便为登陆作战做准备。但欧洲战区的军需官拒绝了他的要求。

当诺曼底登陆日到来时，培根被困在伦敦。他想尽一切办法，但始终无法动摇军需官对公司设备和供应的严格封锁。

后来，艾森豪威尔出面干预，准许载有可口可乐的船只渡过英吉利海峡。培根和他的手下被派往法国，准备向前线运送可口可乐。

越来越多的城市得到盟军解放，培根和他的手下跟在美国部队后面，开始寻找战前可口可乐在各地开设的分公司。有的老厂完好无损，例如在法国雷恩，他们发现当地的可口可乐装瓶商仍在经营，还推出了一种矿泉水，但其他地方地厂商没有这么幸运。

1945 年 5 月，德国投降，培根开始寻找马克斯 · 基思。培根在战争前就认识基思，并把他当作朋友。但培根知道内政部对基思的战时活动抱有怀疑，军方也正式将基思作为敌对势力。

培根告诉基思，公司将接管他的装瓶厂，因为他是德国人。鉴于基思在战时德国享有的显赫地位，他本应理解公司对待他的谨慎态度。但基思并不这么想，他对此极为不满，拒绝与公司人员进行进一步接触，这加深了双方的矛盾。

最后，公司派一名调查员去德国审查基思的战时记录，结果令人大吃一惊：基思没有加入纳粹党。事实上，他和公司的德国律师奥本霍夫还为此饱受压力和煎熬。

基思的经营才能给公司人员留下了深刻印象，他在盟军的轰炸下仍然维持着德国装瓶厂的运转。他将工厂转移到郊外以躲避轰炸，在他的经营下，芬达的销售从未间断过。

最终调查员得出结论：战争期间可口可乐在德国的经营状况“超出预期”，公司恢复了基思的职位。

恢复职位后的基思将全部热情投入到工作中，他积极地修缮工厂，搜寻原材料，安排员工修复生产设备、整理库存。在他的努力下，可口可乐在德国的生产很快得以恢复。

当“二战”结束时，可口可乐公司共拥有63家海外装瓶厂，经营范围甚至覆盖埃及、冰岛、伊朗、西非和新几内亚。

在战争期间，公司为发展海外市场投入了550万美元，从许多方面来讲，这都是最明智的投资。公司为1100万美国士兵提供了10亿瓶可口可乐，这些人退伍回国后，都成了可口可乐的忠实消费者。

然而，战争年代的冒险和荣誉对解决公司在国内面临的问题并没有什么作用。当百事可乐案败诉后，比尔·达奇警告道：“我们面对的是一个全新的行业，我们必须在现代的大众社会中参与竞争，求得生存之地。”

罗伯特像过去一样，努力寻找下一个目标。他预测在25年内可口可乐在海外的销量将超过美国本土，这个说法使公司员工非常吃惊。在他看来，其中的道理非常简单，就是20亿人与1.3亿人的对比。但是，面对庞大的海外市场，宣传策略的问题引起了公司内部的激烈争论。在解决分歧的过程中，罗伯特一如既往地独断，不容他人置疑。

1939年，为了照顾病危的母亲，罗伯特放下一些日常工作，任命公司高管亚瑟·阿克林来代替他出任总裁。但是，在接下来的几年里，罗伯特不停地质疑阿克林的大部分决定，这使罗伯特陷入严重的神经衰弱，不得不辞职。战争结束后，罗伯特回到了总裁的位子上，时年 55 岁。

罗伯特要寻找继任者，但继任者必须是一个意志坚强、有主见的人，而不是一个任人摆布的木偶。公司内的一个小有名气的律师比尔·霍布斯在 1946 年 5 月 5 日被罗伯特任命为新总裁，他的任职震惊了全公司。

霍布斯是休斯·斯伯丁引荐给罗伯特的。在斯伯丁的劝说下，罗伯特任命霍布斯为公司法律部的助理律师。

霍布斯给人的第一印象很好，他身材高大，长相英俊，充满魅力。“霍布斯是一个善于倾听的人，”他的助手霍华德·库尔茨回忆说，“坦白地说，他很会夸奖人。”

罗伯特在一年之内将霍布斯晋升为副总裁和法律部主管，任务是重组公司。

霍布斯的快速晋升从一开始就引发了诸多人的不满。霍布斯对罗伯特毕恭毕敬，对下属却十分严苛。同时，公司的许多元老都对霍布斯保持警惕，而霍布斯将他们统称为“老家伙”，也进一步激起了他们的愤怒。

罗伯特越来越重视霍布斯，对此公司的一些高管提醒罗伯特，应该多花一些时间去检验霍布斯的能力。但罗伯特仍最终选定霍布斯为继任者。当时霍布斯只有 42 岁，在可口可乐公司工作不满四年，没有在市场部和销售部担任过任何职务，但他最终却成为可口可乐公司的总裁。

可口可乐公司总部陷入一种紧张的气氛，霍布斯和公司高层僵持不下。

罗伯特意识到了霍布斯的艰难处境，对此他采取了一项不同寻常的行动。在一次正式演讲之后，他发表了一次非公开讲话，声称自己在尽力退出公司的运营，将这些工作移交给霍布斯。

一些人很赞同罗伯特的讲话，但也有人表示怀疑。在他们看来，如果霍布斯表现得很好，罗伯特还有必要为他说话吗？如果罗伯特对霍布斯很满意，那么他对于放权为什么会如此挣扎？罗伯特的讲话带来了双重影响，虽然他明确重申霍布斯将继续担任总裁，但他似乎在某种程度上也认同霍布斯的工作并不尽如人意。罗伯特的态度在公司内部释放出霍布斯权威有限的信号，暗示着他的决定可以被质疑甚至被颠覆。

罗伯特开始重新掌权，并与霍布斯陷入激烈的冲突。但罗伯特并不想解雇霍布斯，他不愿意承认自己犯了一个错误 。更重要的是，削弱总裁的权力正是罗伯特所希望的。罗伯特不鼓励变革，他希望可口可乐永远保持相同的味道、大小、包装、价格和形象，而削弱管理层的权力是维持现状的最佳方法，基于这种考虑，霍布斯被留了下来。

由于管理的混乱，公司进一步陷入瘫痪的状态。拉尔夫·海因斯和本·奥勒特相继离开了公司，公司的销售副总裁阿尔弗雷德·斯蒂尔也加入了敌人百事可乐的阵营。可口可乐公司在生产、供货、海外扩张、营销和广告方面都面临着严峻的挑战。

第九章

可口可乐是民众的

罗伯特住在乔治亚州西南部的大农场艾彻威。一个冬日黎明后，伴着短促的敲门声，一个黑人仆人轻轻地走进卧室，轻声问道："早上好，先生，我来点火好吗?"他把罐头从壁炉上拿开，划亮一根火柴，点燃卷在干木柴下的一叠报纸。不一会儿，伴随着"滋滋"的声音，火焰升起来了，寒冷的房间内亮起了暖色的光，寒冷被逐渐驱散，温暖弥漫整个房间。

罗伯特坐在桌子前，尽快地吃完早饭后，接着开始安排一天的活动。罗伯特有好几处住宅，然而他真正感觉到是家的地方却在艾彻威。他是这里 30000 英亩土地和 300 多人的主人，住在这片土地上的人大多为黑人。

在艾彻威，罗伯特是放松的，因为他从内心深处是拒绝改变这里一切的。罗伯特是一个土生土长的南方人，喜欢南方的生活方式。从他的父亲欧内斯特开始，近一个世纪以来，在乔治亚州的农村，他的生活方式几乎没有一点改变。

罗伯特的秘书露希尔·哈夫曼每年都会去艾彻威，收集农场中所有员工及其家人的衣服尺寸。到了圣诞节，罗伯特的妻子内尔会向农场所有员工分发礼品盒，里面装着送给他们全家人的全套新衣服。

1933 年夏天，一群白人暴徒杀死了艾彻威的一个黑人。当消息传到身在亚特兰大的罗伯特耳中时，他雇了几个私人侦探，让他们整个夏天都待在艾彻威调查。一个农场主肯花如此气力去保护他手下的黑人，这件事本身就在当地产生了很大的影响。此后，很少有人再去骚扰艾彻威的住户了。

不过，这些举动并不意味着罗伯特对种族问题有真正清醒的认识，他真正的认识始于1950年9月吉姆·法利在佛罗里达发表的一场演讲。

法利的演讲之所以引起罗伯特的注意，是因为一个名为“国家公平委员会”的组织呼吁民众抵制可口可乐。这个组织声称，纽约的可口可乐装瓶厂没有雇用一位黑人员工，这个“丑陋的事实”显然反映了法利和亚特兰大公司高管的态度。

罗伯特开始意识到，他的公司在种族问题上是容易受攻击的。罗伯特向公司的新闻发言人阿纳冈寻求建议，阿纳冈认为应当拥护进步的观念，否则可口可乐的国际形象将受到影响。拉尔夫·海因斯离职后仍然担任罗伯特的非正式顾问，他也同意阿纳冈的看法，认为公司在任用犹太人及有色人种的问题上过于保守。

在罗伯特的催促下，纽约装瓶厂雇用了第一个黑人销售员，《纽约信使报》称赞此举是“倾听民主的声音”，针对可口可乐的抵制运动逐渐平息。

而可口可乐的老对手百事可乐已经在黑人市场中占据了巨大的份额。这不仅是因为百事可乐的产品价格更加优惠，也因为他们对种族平等问题持开明态度。沃特·麦克为处于种族隔离状态下的黑人学生提供“百事可乐奖学金”，因此被誉为“良心商人”，麦克还雇用了一名黑人销售主管，并且发起了一项“做自己领域的领导者”的广告推广活动。

罗伯特关注着麦克的一举一动。他委托在纽约信托基金会担任董事的海因斯，希望通过慈善的方式为黑人群体“提供更多帮助”。罗伯特曾在海因斯所在的基金会开设了一个名为“9号特别基金”的私人账户，用于匿名捐赠，不过受赠人可以获知款项的来源。海因斯建议罗伯特设立一个1000美元的年度奖项，颁发给在音乐、艺术或公益事业等领域做出突出贡献的黑人。罗伯特还要求公司的广告部门像百事可乐那样，制订一个吸引黑人客户的计划。

罗伯特还对慈善事业表现出非常热心的态度。他向埃默里大学的癌症治疗中心捐献了4万美元，又亲自聘请肿瘤学家艾略特·斯卡伯勒博士来负责管理。更重要的是，他同意母亲将她的财产全部捐献给南方的医疗和教育事业。

罗伯特放弃了继承权，当然这不仅仅是出于慷慨，罗伯特对增加自己的个人财富不感兴趣，他最大的愿望是用财富来造福人类——但前提是这些财富掌握在他自己手中。

罗伯特相信，捐钱比赚钱更难。在与麦吉尔、海因斯等人长谈后，他建立了一套基本理念来指导他的慈善事业。他试图通过改善人们的身体和精神状况来促进南方地区的进步，他希望其他富人也参与其中。罗伯特认为，如果以出售可口可乐股票的方式筹集善款，这样的捐赠只能是一次性的，而且很难发挥带动他人的作用。相反，如果将可口可乐股票作为一种永久性基金，将股票收益作为善款，就能保证慈善事业的可持续性，而且能起到很好的示范和激励作用。

罗伯特认识到慈善事业是一种很有效的掌控公司的手段，

他建立了慈善基金会，其职责除了帮助他人，还包括保持可口可乐的股份。

最终，罗伯特控制了超过10%的可口可乐的股票。然而，这只是他掌控公司所有权的一系列行动的一部分。他还任命了可口可乐国际公司的董事会，这是他父亲几十年前建立的控股公司，至今仍然拥有超过四分之一的可口可乐普通股。他父亲的银行——乔治亚州信托银行，也拥有超过50万的可口可乐普通股。

罗伯特决心要用他的财富来为公众服务，但这一切的前提是可口可乐保持良好的业绩。

1950年秋天，康奈尔大学的一位名叫克莱夫·麦科伊的教授在美国众议院特别委员会上作证，说可口可乐中的糖会造成龋齿，他还说可口可乐中的磷酸成分也十分危险，如果将一颗牙齿放在一杯可口可乐中，它会在两天之内软化并溶解。这个耸人听闻的说法迅速在全国传播开来。

公司又一次面临着巨大的舆论危机，但总裁霍布斯却迟迟没有采取行动。

最后，公司元老伯克·尼科尔森挺身而出，敦促罗伯特改变现状。他说公司现在处于瘫痪状态，“一群乳臭未干的孩子在做大人们的工作”，而年长的人在等待退休。

罗伯特解雇了霍布斯，任命尼科尔森为临时总裁，但声明自己拥有公司事务的最终决定权。他首先击败了麦科伊博士。因为，如果一个专家攻击可口可乐有害健康，那么最好的回击方式就是雇用一个更有名的专家进行反驳。公司为哈佛大学公共卫生学院营养学系主任弗雷德里克·斯塔勒提供了5000美元的研究经费，不久之后，斯塔勒博士在《麦考尔》杂志上发表了一篇文章，建议青少年在下午喝一杯可口可乐以改善饮食。在得到更多的研究经费后，斯塔勒博士给各学校的负责人和相关部门写信，反驳了可口可乐会导致龋齿或牙齿溶解的说法。至此，这场舆论风波终于得以平息。

重新掌管公司事务后，罗伯特做出了一系列变革，包括设立公共事务办公室、购置可口可乐公司的第一架公务飞机。霍布斯离开后，本·奥勒特重新回到公司，公司的士气大体上振作了起来。

许多装瓶商认为需要提高可口可乐的价格，罗伯特勉强同意这个想法，但是他预见到这样做会产生严重的后果。如果可口可乐的零售价提高一倍，销量将急剧下降。消费者可能花10美分买12盎司一瓶的百事可乐，但是不会买6½盎司一瓶的可口可乐。如果价格定为6或7美分，销售也会变得十分困难，因为越来越多的可口可乐要通过自动售货机销售，而自动售货机不能处理美分。这些问题需要有一个合理的解决方案，就是增加瓶子的容量，但是罗伯特固执地拒绝这种改变。

公司里提供的各种方案都不能令罗伯特满意，于是他做出了一个相当戏剧性的冒险决定。他开始寻求让国会批准铸造面值为7½美分的硬币的可能性。

与此同时，罗伯特也开始参与到总统选举的政治角力中。1952 年，他第一次公开支持总统候选人——他的朋友德怀特·艾森豪威尔。

罗伯特与艾森豪威尔关系密切，他一直在鼓励艾森豪威尔从政。1952 年总统大选临近时，罗伯特写信力劝艾森豪威尔参选，他说这“不仅是必要的，而且是必然的”。

在艾森豪威尔大选期间，罗伯特投入了大量的时间和金钱，并出谋划策，甚至罕见地在公开争辩场合为艾森豪威尔辩护。在总统大选当晚，罗伯特和艾森豪威尔及他的主要支持者待在纽约，一直跟进选举结果并最终迎来胜利。

出人意料的是，艾森豪威尔上台后的行动却让可口可乐公司大失所望。开始时，新总统对推进公司的政治议程并没有太多热情。当罗伯特向他提出铸造 7½美分硬币的请求时，艾森豪威尔将这个请求转交给了财政部，受到下级部门的反对之后就将其搁置了。罗伯特为维持与艾森豪威尔的关系付出了巨大的代价，但可口可乐公司因此而得到的好处却是微乎其微。

1953 年冬天，史蒂夫·阿纳冈意外死于心脏病发作，罗伯特安排威廉·罗宾逊接替了阿纳冈的位置。罗宾逊是艾森豪威尔的密友，《纽约先驱论坛报》的出版商。

罗宾逊对公司的经营方式大加批评，丝毫不在意怒气冲冲的公司总裁尼科尔森，而罗伯特似乎也并不在意尼科尔森的反应。“如果你认为你能做得更好，”罗伯特告诉罗宾逊，“或许应该给你这个机会。”

罗宾逊即将升迁的消息在公司内部传开了，激起了公司管理层的强烈不满，因为罗宾逊完全没有在软饮料行业的工作经验。海因斯以及罗伯特的其他资深顾问，都劝他不要冲动行事，并警告他正在重复在比尔·霍布斯的问题上曾犯下的错误。海因斯说，在把总裁的位置交给罗宾逊之前，先给他一个过渡性质的临时工作以检验他的能力，这样做或许更为明智。

虽然如此，1955 年 2 月 5 日，在罗伯特迎来 65 岁生日之后的两个月，他宣布退休，由尼科尔森接任董事长，罗宾逊接替尼科尔森出任总裁。

媒体报道了公司管理层的变动，认为罗伯特打算从公司完全退出。《时代周刊》说罗伯特已经将公司事务彻底交给了“精明的、咄咄逼人的”罗宾逊。《商业周刊》说这次变动将公司打回到 1919 年阿萨·坎德勒出售公司时的情形。罗伯特搬离了公司在纽约的总部，还腾出了亚特兰大的办公室。罗宾逊坚信公司的管理权已经完全移交给他，他接受了一系列采访，随后征用公司的公务飞机飞越全国，会见各地的装瓶商。

但是事情不像看上去那么简单。在离开原来的董事长办公室两周后，罗伯特搬进了更大的办公室，一个专门为他建造的套间，位于可口可乐办公大楼四楼。他像以前一样继续工作。

罗伯特已经从纽约退休了，但并没有从可口可乐公司退休。他决定在家乡度过余生，那里的政治和慈善事业急需他的帮助，在那里他感觉最舒心。他没有放弃权力的打算。他在董事会的位置还保留着，同时他创立了新的财务委员会，指定自己为委员长，像他的父亲一样牢牢把握着公司财政大权。

罗宾逊赢得了装瓶商的信任，并且平息了卫生部门对可口可乐的质疑。但是，相比管理公司，罗宾逊对高尔夫和桥牌更感兴趣。他雇用了一个名叫柯蒂斯·盖杰的人，由其管理公司日常事务。盖杰原本是通用食品公司的高管，因管理过于严苛被解雇，而在可口可乐公司他同样面临被孤立的局面。

罗宾逊和盖杰抱怨罗伯特不愿意创新。尼科尔森在担任董事长期间所做的最后一项工作，是劝罗伯特接受推出大瓶装可口可乐的想法。公司最终推出了 10 盎司的“大瓶装”和 26 盎司的“家庭装”，这两款产品立即赢得人们的欢迎。但是罗伯特拒绝做出其他改变。此时美国人开始注重控制饮食，市面上出现许多以“低热量”或“无热量”为卖点的产品，但罗伯特认为没有必要推出“无糖可乐”与之竞争。消费者希望在购买软饮料时有更多选择，但罗伯特不同意开发新口味的产品。此后廉价的、一次性的易拉罐的发明使整个行业前进了一大步，但是罗伯特拒绝放弃瓶装可乐。

在罗伯特的支持下，罗宾逊完成了一项困难但是不得不完成的任务——中止与达奇广告公司的合作。可口可乐的广告已经开始受到嘲讽，业内人士认为它与百事可乐的广告明显相似，百事可乐正在夺走年轻人的市场。

罗宾逊与纽约最炙手可热的广告公司之一——麦肯·爱里克森广告公司合作，希望能创作出迅速引起轰动的广告。但问题在于罗伯特对于新广告的定位并不明确。他想要“新的语言，更重要的是新的诠释”，但是他给不出具体的建议。

另一方面，罗宾逊的想法并不是以新的宣传策略区别于百事可乐，他想要直接证明可口可乐优于百事可乐。在罗宾逊的强烈要求下，该广告公司提出了一条新的广告语——“好品味的象征”，并设计出一系列时髦的、有魅力的人在世界各地的独特环境下喝可口可乐的广告，例如在泰姬陵和威尼斯的总督府。在罗宾逊看来，可口可乐最大的优势在于其“优于”其他软饮料的声誉。据公司内部备忘录记载，罗宾逊的想法是让消费者将可口可乐与“社会地位优越”的人们联系起来。

罗伯特的错误在于无视美国人的生活正在发生变化，而罗宾逊的错误在于误解了这些变化。有评论家抨击麦肯公司的“好品味”系列广告破坏了可口可乐广告中原有的“正常、自然、健康”的形象，取而代之的是夸张和怪诞。

罗伯特受够了罗宾逊和盖杰，他想退出与百事可乐的恶性竞争，但是罗宾逊不肯放弃。罗宾逊阵营在杂志上发起攻击，抱怨“利益集团已经到了退休的年龄，但是拒绝放弃管理权”，意在指责罗伯特。

1958 年的春天，伍德拉夫在经过一番犹豫之后，决定任命李·塔利为罗宾逊的接替人。塔利是公司的一位老员工，多数时间在出口部门工作。

罗伯特希望塔利当面告诉罗宾逊这个消息，塔利很高兴地接受了这个任务。像大多数生于南方、一生都在为可口可乐工作的员工一样，他认为罗宾逊担任总裁对公司而言是一场灾难。当这个消息传到梅街总部时，公司员工们爆发出庆祝的欢呼声。

罗宾逊并没有被彻底解雇，他仍然担任公司董事长并领着六位数的薪水，但他已没有实权，盖杰也被降职并剥夺了权力。公司的广告风格彻底改变了，越来越贴近美国主流社会。广告中的形象由穿着皮毛大衣的女士，变成了打扫完房间之后边喝可口可乐边休息的家庭主妇。

在罗伯特的明确支持下，塔利掌管了公司。他重新唤起了装瓶商的士气，并且恢复了家庭般的工作氛围。塔利发表了一系列鼓舞人心的演讲，这一传统自哈里森·琼斯退休后就中断了。

塔利内心有着坚定的意志，虽然他的阳光性格和绅士风度掩盖了这一点，和公司其他高管一样，塔利对罗伯特非常恭敬，但是在必要的情况下，他也有勇气去否定罗伯特的观点，并说服罗伯特改变主意。

到 20 世纪 50 年代初，可口可乐的总销量中海外市场销量所占的比例已超过四分之一。可口可乐公司最成功的一点是将瓶装特许经营权授予了当地经销商，并雇用了大量外籍员工。到 1955 年，可口可乐公司在 92 个国家和地区设立了 418 个装瓶厂，而其中只有不到百分之一的员工是美国人。实际上，可口可乐在法国是一家法国公司，在希腊是一家希腊公司，在墨西哥是一家墨西哥公司，可口可乐作为外国资本并没有遭到抵制，因为大部分利润都贡献给了当地。

鉴于可口可乐拥有广阔的海外市场和数以百万计的美国黑人消费者，解决种族问题是公司最迫切的愿望，特别是在美国最高法院宣布学校种族隔离违宪之后。

亚特兰大黑人社区的领导人与哈茨菲尔德曾有过几次合作，旨在寻求如何以非暴力的方式改变现状。黑人社区的主要领导人亚历山大解释说：“亚特兰大的黑人们希望看到进步的信号，但是我们并不试图去给白人制造麻烦。”

罗伯特希望将这种温和的方式推广到整个乔治亚州，但他并没有成功。在可口可乐公司的支持下当选乔治亚州州长的赫尔曼·塔马居，在上台后推行了一系列种族隔离政策，令可口可乐公司陷入尴尬境地。

1959 年 12 月 6 日，罗伯特举行了盛大的七十寿辰庆祝仪式，但这并不是一场退休晚宴。这场晚宴实际上是在展示权力。事实上，罗伯特的权力比以往任何时候都要大。他准备在未来关键的十年——20 世纪 60 年代充分运用这些权力。这场晚宴也是提醒客人们，他们仍然要为他工作。

第十章

与政治的关联

1959年的春天，艾尔·斯蒂尔开始在一些公路“联谊会”上推销百事可乐，试图吸引高端消费人群。

装瓶商们并不相信这一点。面对销售放缓的局面，他们甚至怀疑这种自视甚高的派头是否还有吸引力。毕竟上流社会的年轻人只是很小的一个消费群体，也只有极少数美国人才会真的像百事可乐最新广告中的模特一样，戴着高顶大礼帽。

斯蒂尔从旧金山一路向东，途经丹佛、达拉斯、芝加哥、哥伦比亚、奥尔巴尼和夏洛特。在这期间，他每天晚上都会举行精心准备的宣传演出，并发表鼓动人心的演说，以打消装瓶商的疑虑。斯蒂尔的妻子琼·克劳馥和他同行。他们每到一处便举办新闻发布会，吸引了大批记者。

他们的最后一站是华盛顿。斯蒂尔在那里发表了两次演讲，还参观了美国国会山。录制完第十一个电视台采访节目之后，他们乘坐公司的飞机飞回了纽约。第二天晚上，他跟妻子说自己很累，于是早早地上床睡觉。第二天早上，他妻子发现他倒在地上，死于心脏病发作，年仅57岁。

百事可乐公司的董事会选择了一位为人低调的律师赫伯特·巴尼特接替斯蒂尔。巴尼特之所以受到重用，很大程度上是因为他努力地降低成本，并极力阻止斯蒂尔的冲动性投资。巴尼特对于华而不实的广告宣传并没有什么兴趣，他做出的第一个决定就是终止与目前的广告代理商的合作，并且不再参与公路“联谊会”。装瓶商们终于松了口气。

但巴尼特对公司未来发展的新方向并没有什么想法。在斯蒂尔的努力下，百事可乐已拥有了与可口可乐相抗衡的实力，占据超过三分之一的美国可乐市场，并且有望争取更大的市场份额。问题的关键在于如何去争取。

1960年2月，斯蒂尔去世9个月之后，百事可乐公司在帕克街建立了新的总部，《美国软饮料杂志》认为这座现代化建筑“象征着百事可乐在过去十年的崛起中所体现的前卫思想和行动”。实际上，它更像是斯蒂尔的纪念碑，是百事可乐公司在面对未来毫无头绪时，向斯蒂尔的成就所做出的致敬。

百事可乐和可口可乐都处在快速变化的市场中，它们面对的是由顾客主导的现代商业环境。过去一直是公司告诉顾客们该购买什么产品，现在公司必须倾听顾客的需求。

自动售货机的普及为公司带来了重大的挑战。一方面，人们享受购买可乐的便利，装瓶商也从中收益颇丰。但另一方面，人们也想要其他口味的饮料，比如根汁汽水、橘子汁、柠檬汁、姜汁汽水和葡萄汁。装瓶商要求总公司开发一些新产品，有些装瓶商甚至开始销售自己的产品。

为了夺回主动权，可口可乐公司打破了过去75年的传统，推出了一款新产品“雪碧”，尽管罗伯特质疑它“太甜了，不够烈，而且余味可能不太好”。除此之外，公司还推出了一个流行口味的系列，将其命名为“芬达”（“二战”时由马克斯·基思发明）。与此同时，公司开始尝试生产罐装可乐。

罗伯特在20世纪50年代里坚决反对的所有想法，在60年代早期都变成了现实，而且都带来了巨大的成功。

百事可乐遵循同样的市场需求，推出了一款名为“蒂姆”的柠檬饮料，还有一系列新口味的饮料，名为“帕蒂奥”。两家公司一度像盟友一样，抛开了对彼此的偏见，共同努力探索公众的喜好。

1958 年，无糖饮料的销售额在全国软饮料的总销售额中占比不到百分之一。但仅仅四年后，一份民意调查显示，28%的美国民众在关注着自己的体重。此时，皇冠公司推出的“无糖莱特可乐”迅速打入市场。可口可乐公司在加紧研制无糖可乐，百事可乐也紧随其后，在一些城市试销他们的无糖可乐。

在广告的问题上，两家公司都陷入了困境。百事可乐新的广告代理商——天联广告公司在努力探索新的广告主题，他们提出了新的广告语——“和百事可乐一起放松”，但效果并不尽如人意。

可口可乐的高管们对麦肯广告公司的业绩同样不太满意，塔利对公司的广告进行了“重新评估”，得出的结论是这些广告已经失去了引领社会风尚的作用。塔利在一份公开备忘录中这样写道：“在我看来，为了迎合所有人的需要，我们正在失去自我。”

天联广告公司首先取得了突破。公司总裁查理·布劳尔耗时四个月、花费大量资金进行了市场调研，并从中了解到，美国社会正处于“婴儿潮”的影响之下。

据人口普查显示，在战后的 1952 年，美国有 149. 4 万人死去，同时有 384. 4 万新生儿诞生，二者比例超过 1：2. 5。10 年后，这些孩子进入五年级。和可口可乐一样，当美国历史上最大的年轻消费者群体涌入软饮料市场时，百事可乐广告的主要受众仍然是成年人。

“这就是百事，它属于年轻的心。”这句话成为天联广告公司的新广告语，并且迅速扭转了局面。他们在公司内部会议上将可口可乐称为“守旧派”、“愚昧的”竞争者，重新挑起了两个公司间的战争，这也标志着延续至今的现代竞争的到来。天联广告公司的一位业务经理解释说：“关键是把可口可乐描述成‘跟不上时代脚步的老旧一代的饮品’，而百事可乐则是他们的孩子们的最爱。”

如果可口可乐和百事可乐之间的代际战争仅仅取决于哪个公司更时尚、更符合 30 岁以下的年轻美国人的口味，那么可口可乐公司很可能会输掉这场战争，因为他们请来的电视广告代言人似乎都有点过时，跟不上当下的流行趋势。

对于可口可乐公司而言幸运的是，请名人代言并非唯一的宣传手段。可口可乐装瓶商深知开拓青少年市场的重要性，他们赞助了一个名为“Hi-Fi 俱乐部”的广播节目，每周播放来自全国各个高中的“潮流趋势”，超过 100 万的青少年加入了该俱乐部，公司甚至将年龄更小的孩子也纳入营销范围，并赞助了“米老鼠俱乐部”。正如亚特兰大装瓶商蒙特马利所说，可口可乐在等待孩子们长大。公司上下都认同这个想法。

1963 年的“世博会”在纽约举办，可口可乐公司认为这次展会具有世界意义，便大力赞助。罗伯特罕见地在开幕式上公开露面，陪同他的是获得当年少年组“美国小姐”称号的黛安·索耶，当时她的手上拿着一瓶可口可乐。

可口可乐公司在展会上一共花费了500万美元，其中包括安装世界上最大的钟琴。这是一个装有3600瓦特的扬声器的庞然大物，被安装在一座120英尺高的塔上，每隔15分钟就播放人们熟悉的可口可乐广告主题曲，在15英里远的地方也可以听到。在可口可乐公司的高管们看来，这不仅是在宣传公司的产品，更是在塑造公司的形象，使其作为美国的象征而深入人心。

可口可乐公司之所以在60年代初取得了不错的业绩，原因有很多。一方面，百事可乐的广告有年龄歧视之嫌，引起了年长的消费者的反感，他们对于“喝可口可乐的人都是老古董”的暗示心怀不满。另一方面，不仅消费者人数增加了，而且软饮料的人均消费量也明显上升，从1954年的174份增长到了1963年的227份，带来了大量的市场需求，可口可乐广告代言人的受欢迎程度也终于有所提高。

然而，可口可乐的成功，主要是因为它进入了一个由少数重点产品主导的平稳发展期，这些产品在某些方面定义了什么是美国人。

当然，可口可乐的偶像地位早已确立，但这位“偶像”必须不断适应美国社会的快速变化。展望未来十年，挑战将是空前的。除了口味的变化，美国人民的价值观也在发生变化，不管是否情愿，可口可乐与政治的联系都是必须承认的，而20世纪60年代是美国历史上政治最为动荡的时期之一。

1966年，当研究人员登上东方号深海潜艇，在距离查尔斯顿几百英里的大洋深处进行搜索时，在19200英尺深的地方发现了一个可口可乐瓶。新闻媒体对这一发现无不表示惊讶，只有生态学家为此感到担忧。

许多政治人物都热衷于可口可乐，尤其是艾森豪威尔总统。当他在任期的最后一年访问新德里时，他摆了一个用吸管喝可乐的造型，让摄影师们拍照。罗伯特给白宫写了一封感谢信，并温和地提醒说："可口可乐公司并不主张用那种方式展示产品。"伍德拉夫觉得用吸管会影响可乐的口感，还暗示那个瓶子有可能不干净。

在一封标记为"个人最高机密"的信件中，艾森豪威尔很幽默地反驳说："你没有理解我的用意。如果我拿起一瓶可乐大口饮用，这个过程只能维持几秒。但有了吸管，我能边喝边跟人聊很久，也能走很远，这样我就能吸引更多的摄影师和新闻记者，用别的方法可达不到这样的效果。"

尼克松在准备总统竞选时会见了罗伯特，希望得到他的支持，但两人的会面进行得并不顺利。罗伯特私底下认为尼克松缺少幽默感。"他们从来没有和睦地相处过，"乔·琼斯回忆说，"对此最好的解释是，尼克松和罗伯特不是一类人。"

在初选季，罗伯特支持林登·约翰逊。同时，为了对冲赌注，罗伯特仍然恭敬有礼地对待尼克松，甚至帮他在乔治亚州举办了几次募捐活动，仅仅是为了以防万一。选举失败后，尼克松通过一位中间人，试图在可口可乐公司谋一份职。公司总裁李·塔利在一次会议上提出此事，所有参会者都说："我们的公司不需要这样的家伙。"拒绝聘用尼克松的决定被转达给罗伯特，他欣然同意。

在可口可乐公司的发展史上，还没有哪个政治决定像这个一样影响重大。公司在过去近80年里一直试图避免被贴上某个党派的标签，但一夜之间局面就改变了。尼克松成了与百事可乐合作的律师事务所的高级合伙人，自此，百事可乐与可口可乐之间的斗争变成了共和党与民主党之间的斗争。

1938年，美国国会通过了一项法律，要求大多数食物和饮料标明其成分，可口可乐公司对此强烈反对。问题不在于保护秘方，因为"商品7号"不受此限制，而在于公司需要标明是否在可口可乐中添加了咖啡因以及其他有争议的添加剂，而公司当然不愿意这么做。

在可口可乐公司的努力下，国会同意在软饮料行业暂缓实施这项法律，并将其推迟到了20世纪60年代。这一行动最终在消费者群体中引起了骚动，食品药品管理局宣布要开始执行这项法律。可口可乐公司认为这是一次全面的危机，因此发动了一场激烈的抵制运动。

本·奥勒特领导了这场抵制运动。奥勒特首先提出，公司可以按照法律的要求，这样标示可口可乐的成分："本品包含可口可乐糖浆和碳酸水。"奥勒特解释说，可口可乐唯一的成分就是可口可乐糖浆，但食品药品管理局对此并不买账。

接着，奥勒特发表了一系列声明，声称可口可乐的成分中

99.5%都是糖和水，剩下的成分含量小得不足以公开。他又补充说，人们如果不知道可口可乐中包含什么成分，只能说明他们对此并不在乎。除此之外，可口可乐与其他可乐最大的不同之处在于其添加剂，所以这些添加剂无论如何都不应被曝光。然而这些说法并没有被食品药品管理局认可。

最后，奥勒特又提出了一个理由。他说可口可乐中一直含有咖啡因成分，在法律上被定义为“含咖啡因”饮料，所以不需要将咖啡因列在成分表里，就像人们不需要强调咖啡里有咖啡因一样。奥勒特在华盛顿安排了一次私人午宴，宴请食品药品管理局局长乔治·拉里克，宴会上，拉里克透露说他准备否决可口可乐的辩词，并建议可口可乐公司通过公众听证会实现其诉求。奥勒特向罗伯特报告了他们的谈话内容，并强烈反对召开听证会，因为他认为一定会有人借机诋毁可口可乐。

当可口可乐公司想尽各种办法牵制食品药品管理局时，一个完美的解决方案出现了。身为肯尼迪政府留任官员的拉里克退休了，因此，约翰逊总统有机会任命下一位继承者。在征求了可口可乐公司的意见后，约翰逊任命了詹姆斯·戈达德。戈达德是亚特兰大疾病控制中心的主任，在上任 11 天后，同时也是这项法律制定 28 年后，戈达德下达了最终命令，含咖啡因的软饮料不需要将咖啡因列为一种成分。可口可乐赢得了胜利。

在 20 世纪 60 年代早期席卷美国的公司收购狂潮中，可口可乐收购了美汁源公司——一家位于奥兰多的冰冻橘汁制造公司。美汁源公司的主要投资者威廉·阿普尔顿·柯立芝，在合并后买进了200多万美元的可口可乐普通股，成为可口可乐公司董事会成员。柯立芝认为罗伯特和其他董事成员会欣赏他卓越的经营才能，但他错了。

在美汁源，柯立芝习惯于氛围轻松的董事会会议，每次会议持续大概两到三天，参会人员会一起进行“头脑风暴”，自由地分享他们的奇思妙想。但在梅街，罗伯特主持的会议气氛紧张，没有废话，时间几乎不会超过一上午，柯立芝对此感到非常震惊而失望。他希望在会上提出并讨论自己的想法，但是罗伯特认为但他对软饮料行业一无所知。

对于亚特兰大的地方政治，可口可乐公司也保持着关注。西布利和罗伯特开始寻找并培养可以掌管这个城市的年轻人，他们看中了伊凡·艾伦，并将发生在亚特兰大的黑人抵制运动交给他处理，以此作为对他的能力的测试。伊凡·艾伦是一名富商，经营着亚特兰大最大的办公用品公司，而且是当地商会的主席。艾伦邀请鲍勃·特劳特曼和沃尔顿两位律师在他办公室会面，就处理黑人抵制运动的问题进行协商。这两位律师，前一位代表商界，后一位是受人尊敬的黑人社区领导人。

在第一次会面期间，沃尔顿提出要去卫生间，这是一件微小但意义重大的事。艾伦尴尬地意识到，在他自己的公司里，卫生设施是按照种族被隔离开的，他不能让沃尔顿使用仅供白人使用的卫生间，也不能让沃尔顿使用维护不善的黑人员工的卫生间。最终，艾伦巧妙地做了折中，带沃尔顿去了他的私人卫生间。

在接下来的几个星期，在艾伦的努力下，双方达成了一份书面协议。亚特兰大的 24 家主要企业的高管同意取消公司设施中的种族隔离，黑人社区的领导人以结束抵制活动作为回应。但事实远没有听起来那么简单。这份协议还规定延迟几个月实施上述措施，这一条激怒了很多黑人，所以在协议公布后，抵制运动变得更加激烈。

其他的改变也在加速进行着。哈茨菲尔德放弃了 1960 年的市长竞选，转而支持艾伦，而艾伦的竞选纲领是继续强化政界与商界的联系。

事实证明，比起哈茨菲尔德，艾伦更依赖于罗伯特的支持。在罗伯特及其圈内人的资助下，艾伦在竞选中击败了种族隔离主义者莱斯特・玛多克斯，双方获得的选票分别为 21611：237。

罗伯特对亚特兰大的发展有雄心勃勃的计划。多年来，他一直大力资助埃默里大学，投入大量资金以改善教学设施和条件，促使其医学院和医院享誉全国。罗伯特还想把城市中心公园打造成文化中心，他雇用了一位名叫菲利普・维尔特纳的慈善咨询师，由他设计公园的改建方案，包括剧院、音乐厅、博物馆，公园中心是一个法式花园，正中央有一个巨大的喷泉，还有一些游乐场设施和饭店。第二期工程还包括索道缆车、水晶宫、天文馆和美术馆。罗伯特表示，如果市政府愿意发行 2 千万美元的公债来筹集经费，他将匿名提供 4 千万美元。市长艾伦立刻同意了。

然而，令罗伯特感到非常震惊的是，选民并不支持发行公债，他们拒绝了公园建设计划。其实这件事并不奇怪，因为在黑人选民看来，这些市政工程的主要受益者是白人。在亚特兰大，任何涉及种族问题的事情都不能想当然。

1962 年的每一天似乎都有重大事件发生。在贝克诉卡尔案中，最高法院强调了“一人一票”的原则，废除了原有的制度——给乔治亚州小村落的居民更多投票权，多过亚特兰大、哥伦比亚还有其他的大城市的民众。随着城市选民的增加，罗伯特和他的朋友们看到了温和派人士当选州长的可能性，他们看好来自奥古斯塔的参议员卡尔·桑德斯。桑德斯成了罗伯特的忠实追随者，他把梅街作为办事处，并在那里筹集资金，开展竞选活动。

在罗伯特及亚特兰大商界的支持下，桑德斯打败了马文·格里芬，打破了顽固的种族隔离主义者对州政府的控制。罗伯特还帮助菲利普·维尔特纳的儿子查尔斯竞选国会议员。如此一来，乔治亚州、亚特兰大市以及乔治亚州在国会的议席就都掌握在进步人士手中，他们在很大程度上认同罗伯特并为他服务。

亚特兰大的城市地标是“商务俱乐部”，其董事会成员均为亚特兰大的政界和商界精英，这些人全是白人。

多年来，在每年州议会召开会议前，俱乐部都会请亚特兰大代表团成员参加晚宴。1962 年议员选举结束后，艾伦在浏览邀请名单时意识到了一个问题：亚特兰大刚刚选举出第一位黑人州议员——勒罗伊·约翰逊，然而俱乐部明令禁止黑人进入。

艾伦召集了包括罗伯特在内的俱乐部董事会成员，向他们描述了眼下的困境，并提议修改规定，允许黑人参加俱乐部的活动。他说完之后，全场陷入沉默，没有人站出来表示支持。多年后他回忆当时的情景时说："我就站在那儿，一句话也没说。"然后罗伯特靠过来，大声地对他说："你的决定完全正确。"艾伦的提议得到了支持，被一致通过。

当然，罗伯特也有力所不及之事，例如他对于贝克县严重的种族压迫问题无能为力。当地负责组织选举的官员曾经拒绝让一名黑人教师登记投票，甚至威胁要解雇她。美国教育部发布了一份报告，称贝克县的学校的种族隔离问题是"整个乔治亚州最严重的"。在 20 世纪 60 年代中期，只有 7 名黑人儿童被学校接受入学。县里的黑人们经常遭到警察的恐吓。

罗伯特很清楚，相比亚特兰大，乔治亚州的其他地方在种族平等的问题上依然落后。1963 年，肯尼迪总统打电话给亚特兰大市长艾伦，让他去华盛顿支持公共住宿法案，此法案旨在结束南方旅馆和饭店的种族隔离政策。艾伦虽然很想去，但他知道这有可能会葬送自己的政治生涯，所以他去向罗伯特寻求建议。"我知道这种事风险很大，"罗伯特说，"但是你已经想好了，而且你很有可能是对的，我认为你应该去。"在罗伯特的建议下，艾伦提议在一些小城镇推迟施行这项法案，但即使如此，他也是南方地区唯一一个公开支持该法案的民选官员。

1964 年秋天，马丁·路德·金获得了诺贝尔和平奖。亚特兰大的两位白人宗教领袖——拉比①雅各布·罗斯柴尔德和大主

---

① 拉比，犹太教的宗教领袖。（编者注）

教保罗·哈利南安排了一场庆祝晚宴，邀请商界精英参加，但是这些人都拒绝出席。

此时，罗伯特正在艾彻威的种植园里休养身体。他刚经历了一场骑马事故，所幸并没有受到严重的伤害。艾伦来探访他，将晚宴的情况告诉他，并表达了自己的担忧——如果亚特兰大的白人阶层联合抵制这场晚宴，整个城市将会因此蒙羞。罗伯特对此表示同意。他让艾伦和可口可乐公司的新总裁保罗·奥斯汀回到亚特兰大组织会议，为晚宴召集参与者。

奥斯汀通知了议会的24位银行家、律师和商人，表示希望他们买票去支持晚宴，语气非常坚决，为了引起他们的重视，他补充说他是代表罗伯特发言的。

奥斯汀的举动激起了许多人的抱怨，这使艾伦感觉到，仅凭可口可乐公司自身的力量，不足以保证晚宴的到场人数。艾伦认为那些人可能会买晚宴门票，但会在当天找个借口然后打发下属去赴宴。晚宴上可能会有几个白人到场，但是精英人士的缺席明显是对马丁·路德·金的一种冒犯。“那天你们中的大部分人会不在城里或者生病，”艾伦高声指责道，“但是没关系，你们的市长会去。”

银行家鲁贝·戈德伯格也参加了会议，他对艾伦和奥斯汀的施压非常愤怒，甚至打电话给他的同行，让他们一张票都不要买。一个名叫卢·奥利弗的人也接到了电话，他对种族平等问题非常关心，对戈德伯格明目张胆的种族主义言论感到气愤至极。他将这件事告诉他的秘书，他的秘书又在无意间将有关情况透露给了《纽约时报》的一位记者。

1964 年 12 月 29 日，《纽约时报》发表了一篇题为“马丁·路德·金表彰宴会引起无声的争议”的文章。文章中提及一位“不知名的银行家”强烈抵制晚宴，鼓动人们不要参加。巧合的是，当时海地政府正在和亚特兰大的公民与南方银行洽谈贷款，海地终身总统杜瓦利埃的发言人怒气冲冲地打电话质问该行行长米尔·莱恩是不是那个银行家。莱恩公开保证自己不是那个罪人，为了证明这一点，他买了很多晚宴的票。

在接下来的几天里，1500 张晚宴入场券销售一空，这一刻成为亚特兰大不同种族间友谊的至高象征，被铭记至今。可口可乐公司的几位高管出席了晚宴，罗伯特虽然没有到场，但可以公允地说他的“精神到场”了。

奥斯汀生于乔治亚州的拉格朗日，他的父亲在一家纺织厂工作。1948 年，在这家纺织厂的老板卡森·卡拉威的引荐下，奥斯汀进入可口可乐公司。因为业绩突出，奥斯汀被派到公司的芝加哥办事处工作，负责与装瓶商协商经销权。

1961 年，奥斯汀被任命为可口可乐公司执行副总裁——实际上就是塔利的接班人。他的职责很广泛，包括产品定价、广告以及参与世博会等。

1962 年 5 月 8 日，奥斯汀被任命为可口可乐公司的总裁。这一次，罗伯特似乎理解了一个合格的新总裁需要慢慢培养的道理，他让塔利继续担任首席执行官并行使最终决定权，同时在自己与奥斯汀之间充当中间人的角色。

和罗伯特不同的是，奥斯汀有意识地接触金融领域的媒体，并接受采访。他还成了《商业周刊》的封面人物。他对记者高谈阔论，说管理就是一门“伪科学”。罗伯特发现，他必须严格地限制奥斯汀的行为，并不断提醒奥斯汀谁才是老板。

罗伯特决定让塔利继续担任首席执行官，以此来约束更年轻、更有活力的奥斯汀。塔利的弟弟约翰被提拔为出口部门负责人，进一步牵制奥斯汀。而让奥斯汀感到挫败的是，他主张变革的想法遭到了反对。他不满足于只出售饮料，想将公司业务扩展到食品业。当他得知亚特兰大的菲多利食品公司有合并意向时，曾试图努力促成此事，但被罗伯特和塔利否决了。后来菲多利公司决定与百事可乐公司合并，这让奥斯汀更加恼火。百事可乐与菲多利公司的合并非常成功，而奥斯汀一再向纽约的商业媒体强调，让可口可乐公司失去这次机会的人并不是他。

执掌公司四十年来，罗伯特第一次发现他对公司事务的绝对控制权受到了挑战。事实证明，奥斯汀是一个精力过人、老谋深算的对手，既野心勃勃又精于办公室政治。奥斯汀不断向塔利施加压力，最终让塔利不堪重负。1966 年，65 岁的塔利告诉罗伯特他想从首席执行官的职位上退下来，无论罗伯特怎样劝他，他也不肯改变自己的决定。

塔利是可口可乐公司最后一个同时效忠于罗伯特本人和公司的高管，而奥斯汀与他完全不同。奥斯汀以必要的礼节对待罗伯特，但是当他考察公司的整体经营状况时，却发现了一系列长期遗留的亟待解决的严重问题，其中许多问题都源于罗伯特的错误决定。奥斯汀认为，由于罗伯特独揽大权多年，公司管理不可避免地受到了裙带关系的影响，阻碍了其他有能力的人的发展。

在即将成为公司首席执行官时，奥斯汀决定不再和他的同事们维持表面的友好关系。为了肃清障碍，他开始变得不苟言笑，刻意与别人保持距离，甚至到了一种近乎粗鲁的地步，而他的本性其实是乐观张扬的。

罗伯特对奥斯汀的热情自然也冷却下来，他开始讥讽奥斯汀。可是罗伯特仍旧很欣赏奥斯汀的能力，事实上，奥斯汀是接替塔利的唯一人选。塔利原以为罗伯特不同意将奥斯汀任命为首席执行官，但事实并非如此。董事会其他成员认为公司需要像奥斯汀这样的新鲜血液，而罗伯特不得不承认他们是对的。

罗伯特将可口可乐公司日常事务的管理权授予了奥斯汀，同时又将菲尔·艾森伯格任命为首席财务官，并派他监督奥斯汀。

到了20世纪60年代，百事可乐和可口可乐这两大可乐巨头之间的竞争蔓延到了全球各地，但大多数情况下是百事可乐占上风。

在委内瑞拉，可口可乐的销售情况十分惨淡，而百事可乐凭借成功的营销，成为包括可口可乐在内的所有碳酸饮料的代名词。巴西和乌拉圭的销售情况也是如此，在整个60年代里，可口可乐在南美的生意没有任何起色。李·塔利在退休前起草了一份备忘录，总结了公司所面临的一系列困境。他说可口可乐的"模仿者"——他一直这样称呼百事可乐——正在"发展壮大"，不仅仅是在南美地区，甚至包括加拿大、法国、英国和菲律宾。百事可乐的出口额在 1959~1963 年间翻了四番，而且还在持续增长。

海外贸易似乎变得越来越复杂和危险，而与此同时，可口可乐公司内部的办公室政治也变得错综复杂，奥斯汀在运用策略巩固自己的权力。

奥斯汀最终得出结论，本·奥勒特应该离开公司。奥勒特在奥兰多经营美汁源的时候，奥斯汀还能容忍他的存在。但 1965 年奥勒特返回公司总部担任副总裁，他与奥斯汀的矛盾开始激化。他总是事后批评奥斯汀的决定，从收购合并到市场营销，每一件事他都要批评一番。他非常鄙视奥斯汀，而且对于自己的情绪不加掩饰。

公司无法容纳这两个矛盾体，这已经成了一个严重的问题。最终，约翰逊总统任命奥勒特为巴基斯坦大使，但奥勒特表示不愿意被派到那么遥远的地方，罗伯特劝他接受委派，说这将是他的职业生涯的顶峰。

罗伯特对此事的干预透露出一个明确的信号：虽然他心怀不安，但他还是认为新的首席执行官有权按自己的理念去管理公司，而不应为此饱受攻击。奥斯汀充分利用了罗伯特赋予他的权力，以前他即使做最小的决定也需要得到许可，现在只要他觉得合适就可以最大限度地去执行他的决定。

1967 年，《福布斯》杂志在封面文章中宣称罗伯特彻底退休了。文章写道："当罗宾逊和塔利担任公司总裁时，罗伯特仍然拥有最终决定权。现在他退到一边，让奥斯汀全权决定公司事务……现在奥斯汀是老大。"报道说事实上现在梅街的高管们已经很少提到罗伯特的名字了。

这篇文章激怒了罗伯特的老朋友迪克·格雷沙姆。他在给罗伯特的信中写道："一个爱出风头的人竟然如此蔑视你伟大的商业才华，这令我非常气愤。"但是罗伯特对此什么也没有说，他从不借助舆论宣传自己，即使是在对自己有利的情况下。罗伯特退到了幕后，他不愿意被公众打扰。

20 世纪 60 年代末，罗伯特承受了一系列个人生活上的打击，这让奥斯汀以及其他人相信，罗伯特的职业生涯，甚至他的生命，已经到了最后的阶段。和其他七八十岁的老人一样，罗伯特经历了很多朋友的去世。他比以前更沉迷于酒精，以至于朋友们担心他可能会摔倒在家里的旋转楼梯上。他们为他安装了一部电梯，用来把他送回卧室。

1968 年 1 月 22 日，罗伯特经历了生命中最大的打击。当天晚上，他的妻子在家看电视时感到身体很虚弱，便叫来一个仆人将她扶进卧室，几分钟后她脑溢血发作，第二天下午就去世了。

"我失去了我的老伴儿，"罗伯特一遍又一遍地重复着，"我失去了身边可以依靠的人。"妻子的去世对罗伯特打击极大。在他们 55 年的婚姻生活里，他一直是主导者，可是他在很多方面都很依赖他的妻子。

接着，又有新的任务落到了罗伯特肩上。1968 年 4 月 4 日，罗伯特前往白宫拜访林登·约翰逊总统。当时双方的情绪有些低落，因为就在五天前，约翰逊宣布不会参与下一届总统竞选。在他们谈话的过程中，约翰逊的助理走进办公室，递给约翰逊一张纸条，上面写着："马丁·路德·金被人枪杀了。"就在当天晚上，罗伯特打电话给身在亚特兰大的伊万·艾伦，要他开一张空白支票，用以支付马丁·路德·金葬礼的一切费用。

艾伦清楚地记得罗伯特说的每一个字："伊万，明天他们把金的尸体带回来的时候，亚特兰大将会成为世界的中心。我希望你做好我们应该做的和必须做的事，无论这个城市能不能负担得起，你都要负责把它做好。"艾伦后来回忆说，在听了罗伯特的话之后，他才意识到会有多少悼念者和媒体工作者来到这个城市。5 天后，当州长马多克斯躲在州议会大厦的办公室里时，20 万人涌入亚特兰大市中心，跟在运送马丁·路德·金遗体的车后放声痛哭，并唱着"我们会胜利的"。整个过程中没有发生任何意外。

在妻子去世前后的几个月里，罗伯特经历了好几位挚友的去世：艾森豪威尔、艾略特·士嘉堡、哈里森·琼斯、休斯·斯伯丁、拉尔夫·麦吉尔、吉恩·凯利和玛蒂·赫德（曾经在艾彻威工作过的一位厨师）。悲痛几乎要压倒罗伯特。他的酗酒问题已经非常严重，到了不能控制自己的地步，朋友们开始怀疑他的生存意志。日子一天天过去，人们可以明显地看出他在衰老，他的头发变得花白，他第一次显出老态。

罗伯特的同龄人瑞德·杜普瑞已经退休，他之前是宝洁公司的董事长，也是可口可乐公司的外部董事。他总是讲起自己去找医生治疗风湿病的事。医生给他开的药对胃有刺激性，每次去拜访医生的时候他都会抱怨："这个药我还要吃多久？"

"你多大了？"医生问道。

"84 岁。"杜普瑞答道。

"在这种情况下，"医生说，"不会太久了。"

罗伯特也开始对别人讲这个故事，每次讲到笑点的时候，他就哈哈大笑起来，但是他似乎并不是单纯地讲笑话。他真的觉得自己没有多少日子了。

第十一章

“年过八旬的老人”

罗伯特的精神逐渐好转，这要归功于几个人。其中之一是他的新家庭医生加兰·赫恩登，他搬到了亚特兰大，就住在罗伯特的隔壁。在赫恩登的坚持下，罗伯特开始逐步减轻对酒精的依赖，直至完全戒酒。罗伯特的老朋友们都陪伴着他，用尽一切方法让他振作起来。

这些积极因素都在重新点燃罗伯特的生存意志。然而，罗伯特最强烈的生存动机似乎并不那么积极，他要监督奥斯汀，确保他不会毁掉可口可乐公司。罗伯特每天都会去办公室，坚持复查公司的重大决策。

事实证明，奥斯汀在公司运营的许多方面都有着不可否认的才能，其中最主要的就是预见社会发展趋势的能力。日渐兴起的环保运动让奥斯汀十分担忧，批评者指责可口可乐公司产生的垃圾遍布各地，奥斯汀无法否认这点。可口可乐的不可回收的瓶子可以堆成一座座山，可口可乐公司的卡车可以组成一列列车队，可口可乐的广告牌绵延数英里。这些事实让奥斯汀相信可口可乐公司会成为批评者的“理想目标”。奥斯汀预测，在 1970 年春天的第一个“世界地球日”，公司就会遇到麻烦。

不幸的是，奥斯汀未必有能力解决他预测到的问题。他收购了一家水净化公司——安奎柯股份有限公司，他认为这样可以使公众认为可口可乐公司致力于污染治理。收购安奎柯公司价格不菲，相当于 1754000 股可口可乐公司普通股。罗伯特和其他董事会成员对支出如此巨大的金额感到难以置信，他们对奥斯汀的这项决定充满疑虑。

当奥斯汀将解决问题的任务交给其他人时，反而能取得较好的效果。最典型的事例是，在广播和电视广告的理念问题上，奥斯汀放弃了自己的想法，听从了麦肯广告公司的建议。麦肯公司试图在广告中迎合时代的情绪，他们找来了大约200名世界各国的年轻人，让他们用甜美的音调唱道："我想给全世界买可口可乐。"当奥斯汀听到这首歌的录音时，他并不喜欢其中的甜言蜜语，原本打算否决这个广告。但他最终让步了，并解释说："这就是广告部门存在的意义。"

该广告在1971年播出，其中的歌曲引起了轰动，受到广泛欢迎。一些民众开始打电话给电台，要求免费播放这首歌。几个月后，这首歌出现在白宫晚宴的表演中，奥斯汀此时才真正感受到这首歌的影响力。要知道，尼克松总统可是百事可乐的支持者。宴会上几位客人对奥斯汀眨眨眼睛，点了点头，其中一个还对奥斯汀小声说："你付了多少钱？"

奥斯汀将这件事告诉罗伯特后开玩笑说："我很庆幸没有被警卫带走。"但这已经是他们为数不多的交流了。因为罗伯特对奥斯汀管理公司的方式感到越来越担忧，他和他在董事会的盟友不再勉为其难地同意奥斯汀的计划了，他们开始明确地反对他。

罗伯特继续控制着董事会的多数席位，虽然奥斯汀除了总裁和首席执行官外还取得了董事长的头衔，但他被剥夺了这些职位应有的权力。奥斯汀一直在等待罗伯特从董事会辞职，或者至少放弃财政委员会主席的职位，但这两件事都不在罗伯特的考虑范围内。

1972 年初，罗伯特中风了，他的右半部分身体无法自由活动，但他拒绝听从赫恩登医生让他住院的建议。为了向外界隐瞒病情的严重程度，罗伯特搬去艾彻威休养。一段时间后，虽然他右手无力，而且行走不便，但他仍然坚持回去工作，并发表声明，宣称他为公司服务的能力并没有减退。

1973 年，当奥斯汀提出与实力雄厚的投资商路德维希以及日本巨头三菱公司进行一笔昂贵且复杂的土地交易时，他与罗伯特的紧张关系达到了顶点。奥斯汀想创立一家合资企业，并在巴西购进数千英亩的农田，以种植公司生产所需的柑橘等农产品，他还打算将美汁源公司的大部分果园出售给开发商，以换取可观的利润。

罗伯特对此事的回应只有一句话，就是不同意。他认为奥斯汀已经被冲昏头脑了，竟然花 2000 万美元资金投资风险项目，而不是专注于公司的主要业务。

奥斯汀与罗伯特当面讨论此事，当罗伯特重申他否决巴西项目的决定时，两人之间的关系彻底破裂。

可口可乐公司在 20 世纪 60 年代曾经收购了休斯敦的一家咖啡公司，名为邓肯公司。许多分析者认为这是一笔失败的交易。梅街上流传着一个笑话，说邓肯公司唯一有价值的资产就是有魅力的年轻总裁查尔斯·邓肯及其家族。没想到玩笑成真，邓肯引起了罗伯特的注意，并成为罗伯特的新门生。

在罗伯特的支持下，邓肯在可口可乐公司出口部门一路升迁，这和奥斯汀的职业发展轨迹一样，而奥斯汀比他大十岁。1970 年夏天，邓肯被提拔为可口可乐公司的执行副总裁。《纽约时报》称他是公司里“一颗冉冉升起的新星”。

奥斯汀把邓肯看作直接威胁，给邓肯制造了一系列麻烦。奥斯汀切断了邓肯的信息链，背着邓肯下达命令，还破坏邓肯和其他高管的关系。

邓肯面对压力的反应让罗伯特很失望。邓肯希望罗伯特保护他，扫平他前进道路上的障碍，但是罗伯特并没有这么做，所以邓肯辞职了。

对奥斯汀来说，罗伯特也是一个障碍，这个顽固的老人，很多的想法在阻碍着进步。放眼董事会，奥斯汀发现自己被一群出生在 19 世纪的老人控制着。罗伯特、约翰·西布利、吉姆·法利和布拉德利的女婿阿伯特·特纳都是年过八十的老人。奥斯汀不明白为什么一个以年轻人为主要消费群体的公司，其董事会却是一群老古董。有一次，奥斯汀直接提出了让罗伯特辞职的要求，但罗伯特以强硬的口气说：“我不会辞职的。”

奥斯汀需要找到代替邓肯的人选，他选择了性格温和、为人低调的老员工卢西恩·史密斯。卢西恩·史密斯从 1940 年开始就在可口可乐公司工作，多年来始终处于公司中层，管理新英格兰地区的装瓶厂。最终，史密斯被晋升为公司新成立的国内销售部门的主管，他的职业生涯看起来就要止步于此了。奥斯汀认为卢西恩·史密斯是临时总裁的理想人选：他没有敌人，也没有野心，他已经 55 岁，只比奥斯汀年轻 3 岁，不会构成威胁。

罗伯特同意将史密斯任命为临时总裁，梅街恢复了平静，至少表面上是如此。在长期的生存和发展中，可口可乐公司始终致力于塑造一种积极向上的外界形象，无论公司内部的斗争多么激烈。1974 年，公司推出了一系列名为“美国，向上看”的广告，旨在以爱国精神提振国民的情绪。这些新广告成效显著，甚至超过了 20 世纪 30 年代鼓励人们从“大萧条”中振作起来的“回归正常”系列广告。新广告确立了可口可乐对于塑造美国国家精神的重要作用，这对一个软饮料生产商而言是至高的荣耀。

但公司高层的斗争并没有因此缓和。罗伯特和奥斯汀总是在史密斯的问题上争吵，尽管（也可能是因为）罗伯特尽力与奥斯汀和史密斯和平相处。

在菲尔·艾森伯格的问题上，罗伯特和奥斯汀的冲突更加激烈。作为首席财务官，艾森伯格直接向罗伯特和财务委员会报告，绕过了奥斯汀。而且，艾森伯格和罗伯特一样对公司的财务问题持保守态度，他们认为在困难时期公司的账户上应当保证有至少一亿美金的应急资金。开会时，艾森伯格就坐在罗伯特旁边，对奥斯汀的提议总是提出反对意见。奥斯汀自然要寻找机会将艾森伯格逐出公司，1974 年，他认为机会来了。

艾森伯格向外界透露了罗伯特对华尔街的分析师和商业媒体的厌恶。罗伯特始终对这些人抱有成见，当 20 世纪 70 年代中期可口可乐公司的财务状况恶化时，这种偏见变成了憎恶。通货膨胀导致原料价格上涨，严重影响了可口可乐公司的收入，投资者开始紧急抛售可口可乐公司的普通股，导致公司市值大幅度下跌，这是20世纪30年代以来最严重、最快的一次下跌。

随着公司股价的暴跌，艾森伯格越来越愤怒。他每天都会接到华尔街的专家打来的电话，这些专家都在问为什么可口可乐公司的表现如此糟糕。最后艾森伯格大发雷霆，他发表正式声明，宣布暂停与所有证券分析师的直接接触，何时恢复接触另行通知。一位分析师指出，这个声明发布的时机太糟糕了，因为公众对公司的信任正处于低谷。对此，艾森伯格以拒绝和商业媒体直接接触作为回应。

奥斯汀认为，这一次艾森伯格已经错得太离谱。1975年3月，艾森伯格即将迎来65岁生日。奥斯汀发出了一份备忘录，不仅提议艾森伯格退休，而且要求对公司章程进行修改，取消财务执行副总裁向财务委员会主席伍罗伯特报告的制度，新设出纳主管和总会计师，两人都向首席执行官奥斯汀报告。奥斯汀甚至给出了出纳主管的人选——查尔斯·洛德，并明确指出洛德上任后的第一件事就是推翻艾森伯格的政策，恢复与华尔街的联系。

虽然仅仅是诉诸语言，但奥斯汀的举动已经接近一次政变了，在可口可乐公司，上一次类似的行动要追溯到半个世纪前，山姆·多布斯试图从罗伯特的父亲手中夺取公司的控制权。两次政变的结果都是显而易见的。罗伯特保留了艾森伯格的职务，并且让他继续向财务委员会报告。奥斯汀的计划流产了。

梅衔的气氛变得非常压抑，奥斯汀经常乘坐公司的飞机去遥远的地方。他像罗伯特一样拿下了许多国际业务，他爱上了飞行的感觉，认为那是一种穿过漆黑的夜到很远地方的感觉。

奥斯汀对于社会发展趋势有很强的预见能力，除此之外，他一直坚信海外市场的重要性，这是他经营可口可乐公司的另一个优势。在奥斯汀担任首席执行官期间，可口可乐公司的出口销售额追上并超过了国内销售额，这是奥斯汀努力促成的结果。在奥斯汀的任期内，可口可乐公司在德国、日本、巴西和南非都有相当大的发展，而在印度，据《纽约时报》报道，可口可乐“迅速”成为全国性饮料。

奥斯汀开始自然而然地取代罗伯特，成为公司的最高决策者。1968 年，理查德·尼克松当选总统，这既标志着白宫中的政党变动，同时也带来了软饮料行业的巨大变动。罗伯特不能再随意出入总统办公室了。

奥斯汀的政治之路，始于 1970 年乔治亚州的州长竞选。由于任期的限制，现任州长莱斯特·马多克斯不得不离任，竞争在前任州长卡尔·桑德斯和政坛新星吉米·卡特之间展开。卡特知道罗伯特和桑德斯有交情，因此派他的高级顾问传话，称他将去种植园拜访罗伯特并争取可口可乐公司的支持。罗伯特回复说建议双方在亚特兰大会面，而不是在种植园，卡特马上明白罗伯特是在拒绝他。

罗伯特给桑德斯以最大限度的支持，但卡特最终赢得了竞选。随后，罗伯特派奥斯汀去和州政府搞好关系。奥斯汀很乐意接受这项工作，他和新任州长建立了密切关系，并为他提供了一系列资源，特别是可口可乐公司的公务飞机和国际贸易网络。1974 年秋天，卡特开始准备竞选总统，但看起来希望渺茫，他将自己与可口可乐公司直接联系在一起。

奥斯汀支持卡特参选，他甚至给 IBM 公司董事长弗兰克·卡里等几位商界巨头写信，力劝他们支持卡特竞选，因为卡特是“一个注定会成为伟大的总统的人”。

在随后的几年里，为了撇清与党派政治的关系，可口可乐公司一直试图淡化奥斯汀与卡特的联系，宣称奥斯汀只是出于礼节而对家乡的政治家表示支持。但事实是，奥斯汀对卡特的竞选活动给予了热情的支持。

卡特最终获胜了，奥斯汀赌赢了，他的朋友成了美国总统。奥斯汀给罗伯特发了一份备忘录，为他的政治活动给可口可乐公司带来的“令人不安的影响”而道歉。当然，他完完全全地乐在其中。

《新闻周刊》在文章标题中称奥斯汀为“卡特在可口可乐公司的密友”，并说他是总统最亲密的朋友和顾问。可口可乐公司在 139 个国家开展业务，其首席执行官的地位相当于国务部长。

此时，罗伯特发现自己已经黯然失色了。1970 年，亚特兰大市长伊万·艾伦退休了，罗伯特对政治的直接参与也宣告结束。他和卡特手下的新任州长乔治·巴斯比并不熟识。

罗伯特不能继续参与政治，但仍在慈善事业中忙碌着。1971 年，罗伯特向艾伦的继任者山姆·马塞尔提出，他将投资 990 万美元，在亚特兰大市中心建造一座占地两英亩的公园。

《亚特兰大宪法报》在报道此事时遵循罗伯特的一贯要求，彻底隐藏了他在这场交易中的角色，将他说成“匿名捐赠者”。

但这一次罗伯特被激怒了。早些年市长哈茨菲尔德曾经说过，罗伯特的慈善家身份是“公开的秘密”。每个市民都知道罗伯特的善举，每当报纸上出现有关匿名捐赠的报道时，人们都认为这是出自罗伯特之手。

但现在罗伯特最渴望的是公众的赞誉，这种强烈的渴望使他放弃了一直以来对匿名捐赠的坚持。1974 年，他同意接受亚特兰大市的最高荣誉奖——“杰出人物奖”。在颁奖典礼上，他以个人名义现身，拿着手杖，抓着他的贴身男仆的手臂，摇摇晃晃地上台领奖。罗伯特被授予了一枚荣誉徽章，上面写着“商业天才，总统的顾问，人道主义者，教育、医学和艺术的赞助人”。六年前罗伯特要求亚特兰大的新闻媒体不让他的名字再出现在报纸上，现在他同意将“罗伯特就是亚特兰大市的匿名捐赠者”作为报纸头版新闻的标题。

罗伯特的事迹在曝光后引发了广泛的赞誉，这对他来说是种享受。罗伯特对荣誉的渴望不仅仅意味着他对死亡的接受或对自身历史地位的关注。罗伯特处在权力中心长达半个世纪之久，他还想保持这样的地位。他渴望自己的活力和重要性得到外界肯定，他真正的恐惧是无意义地活着。

罗伯特厌恶衰老。他讨厌身体的衰弱，讨厌听力的持续下降。他的视力也越来越差，他抱怨自己快变成瞎子了。他变得反复无常，多数时间脾气很差。

萨姆·马塞尔卸任之后，亚特兰大的第一位黑人市长梅纳德·杰克逊上任。政府与企业界之间的关系变得紧张起来。

“你已经无法‘再回到’权力中心了。”为罗伯特忠心耿耿地工作了40年的秘书琼斯这样告诫他。如今亚特兰大的商界领袖都是罗伯特的儿子和孙子辈的人，而新一代的政界人士罗伯特甚至都不认识。琼斯认为，重回商界和政界对罗伯特来说是一种负担，而且对其他人来说可能也是一种负担。

在退出政治舞台之前，罗伯特做了体面的告别。在大多数商界人士拒绝与杰克逊市长进行任何接触的时候，罗伯特在一个会议中与杰克逊市长握了手，让摄影记者拍了照。

一年多以后，《华尔街日报》推出了一个“亚特兰大最有权势的十个人”的排行榜，保罗·奥斯汀上榜了，罗伯特被排除在外。

奥斯汀的健康状况也不容乐观，但他一心维持权力，所以他否认自己的身体有问题，拒绝向医生寻求帮助。同事们大多认为他只是工作压力太大、喝了太多酒。没有人知道奥斯汀患上了帕金森症和阿尔茨海默症这两种危险的疾病，病情正在急剧恶化。

可口可乐公司的经营状况似乎也随着奥斯汀健康状况而每况愈下。1975年4月，可口可乐公司仍未摆脱一年前股价暴跌的影响，此时百事可乐又在达拉斯推出了“百事挑战”。眼下百事可乐仅有6%的市场份额，该公司在极度绝望中试图用这个不同寻常的方法扭转颓势。他们在城市中随机选择了几十个声称是“可口可乐消费者”的人，让这些人从标着“Q”和“M”的两杯汽水中选出哪一杯更好喝，并由隐藏的摄像机记录下整个过程。超过一半的参与者选择了标有“M”的汽水，而出人意料的是那是百事可乐。这个测试很快被制作成广告，在当地电视台播出。广告产生了广泛而深刻的影响。

而对此，可口可乐公司的反应缺乏理性。过去30年来可口可乐公司总是有意忽略竞争，而这一次公司发表了一系列令人不明所以的声明，质疑“百事挑战”结果的准确性。百事可乐公司马上予以反击，用字母“L”和“S”重新进行了测试，结果依然是人们更偏爱百事可乐。可口可乐公司以一组漫画回应，漫画解释了人们为什么更喜欢字母“L”。

这场挑战一直持续到第二年，蔓延到11个城市。但在大多数情况下，百事可乐的销量得以提升，而可口可乐的装瓶商陷入极度恐慌中。“可乐大战”一词开始流行起来，人们不明白为什么一个标榜快乐与和平的行业会陷入互相攻击和强行推销的境地。《时代周刊》称这是一次“味蕾大混战”，是“彻底的疯狂”。《广告时代》的编辑兰斯·科伦公开呼吁双方“停战”，他说这些举动是“恶意、愚蠢且没有任何意义的”。

“百事挑战”带来的长期结果是很难衡量的，因为与此同时，两家公司也在运用价格战等其他市场竞争策略，这些因素都会影响销售数据。大多数人认为，可口可乐几乎没有受到真正的影响。可口可乐的国内市场份额保持稳定，而百事可乐却在慢慢吞并规模较小的、不知名的可乐品牌，因此市场份额得到了一定的增长。但是，就心理层面而言，百事可乐对可口可乐公司的尊严造成了严重的创伤。可口可乐公司并没有找到有效的方法应对挑战，最终于1976年末宣布将停止挑战。

与此同时，可口可乐公司又一次陷入了与装瓶商的战争，其艰难程度不亚于1920年欧内斯特·伍德拉夫发动的战争，而原料的价格再一次在战争中发挥了核心作用。

根据20世纪20年代双方在法庭上达成的永久协议，装瓶商需要向可口可乐公司支付固定的费用以购买公司生产的糖浆。其中糖的价格会根据市场价略有浮动，但其他原料的价格在长达半个世纪的时间里始终保持不变。至少从理论上而言，由于20世纪70年代末的通货膨胀，成本会越来越高，迟早有一天可口可乐公司将不得不以低于成本价的价格向装瓶商出售糖浆。

大多数装瓶商也不愿意逼迫他们的总公司破产，并同意修改合同。1971年，联邦贸易委员会对可口可乐、百事可乐及其他六家软饮料公司提起反垄断投诉，指控他们给装瓶商颁发特许经营权的行为实际上是地方垄断，导致了产品价格的提升。

当可口可乐公司与装瓶商并肩作战对抗联邦贸易委员会时，可口可乐公司的高层认为装瓶商们害怕失去特许经营权，在这种情况下他们更容易让步。

卢克·史密斯被委派去修改合同，他完成这项任务的决心让同事们感到惊讶。他穿梭于全国各地，召开装瓶商会议，耐心地向他们解释，由于通货膨胀影响，原料成本大幅上升，可口可乐公司不可能继续以原定的价格销售糖浆了。

大多数装瓶商都信任史密斯，同意修改合同，虽然这些合同是他们家族的几代人像传家宝一样传下来的。当然史密斯最终还是遇到了阻力。纽约装瓶公司董事长查尔斯·米勒德联合了其他几家大型装瓶商，抵制可口可乐公司的“自由定价”，要求根据“居民消费价格指数”在有限的范围内提价。最具影响力的老牌装瓶商们联合施压，让史密斯的计划处于失败的危险之中。很快，双方发生了激烈的争执，关系陷入僵局。

双方的问题从细节上的分歧迅速上升为整个公司的危机，此时史密斯迫切需要公司上层的指令，以便明确自己在谈判中的地位，但没有人向他发出这样的指令。

1978 年春天，罗伯特和奥斯汀之间几乎没有交流。两人都没有完全掌控可口可乐公司的能力，但谁也不肯放弃。

88 岁的罗伯特在董事会中依然拥有“保守派”的支持，他们驳回了奥斯汀的任命新董事的提议。为了显示自己的权力，罗伯特安排他的私人医生赫恩登进入董事会，而拒绝了几个外部成员的提名，其中包括亨利·基辛格和秀兰·邓波儿·布莱克。

然而，奥斯汀仍然是公司董事长兼首席执行官，管理着公司的日常事务。后来他终于促成了菲尔·艾森伯格的退休，打开了财务委员会的通道，以便顺利推行他的一些计划。在奥斯汀的建议下，公司开始涉足葡萄酒市场，收购了一家塑料袋公司，并计划建立几家独立的可口可乐装瓶厂。

就外界所知，奥斯汀的健康状况很好。当然，公司内部人员都可以看出奥斯汀的表现不正常，但他们不知道为什么，他的朋友们猜测，他的问题在于酗酒。

奥斯汀已经63岁了，到1980年2月14日他年满65岁的时候，他就该退休了。令所有人震惊的是，罗伯特突然要求董事会将奥斯汀的任期延长一年。但是一年之后他会继续留在可口可乐公司吗？如果不会，他能选出继任者吗？

不只是卢克·史密斯想知道答案。公司里六位雄心勃勃的高管已经开始想策略、表忠心，评估自己成为公司最高领导人的可能性有多大。这既是他们个人的愿望，也是可口可乐公司的迫切需要。

华尔街的观察人士察觉到了这个变化，并试图介入其中，他们将宝都押在了唐·基奥的身上。基奥在邓肯公司被收购时加入可口可乐公司，现在担任副总裁，负责公司在整个西半球的经营。基奥拥有可以匹敌哈里森·琼斯的演讲天赋，而且他只有51岁，还足够年轻，可以掌管公司十年。

但半个多世纪以来，要成为可口可乐公司的最高领导人，最重要的因素始终是迎合罗伯特的需要。自比尔·霍布斯被任命为总裁以来，罗伯特喜欢被人奉承的弱点已经人人皆知，罗伯特自己也意识到了这个问题。

在装瓶商的问题上，罗伯特捍卫可口可乐公司利益的决心超越了一切。在他的影响下，史密斯以极其强硬的姿态与装瓶商谈判，并拒绝了米勒德提出的参考“居民消费价格指数”的方案。双方的谈判最终破裂，修改合同的计划陷入僵局。

大失所望的米勒德又把希望寄托在了基奥身上，毕竟基奥看起来不会那么固执。基奥认为让糖浆价格在一定范围内浮动可以充分保护公司的利益，他对装瓶商做出了让步，双方很快达成协议。基奥背着史密斯，直接将此协议提交给了奥斯汀，奥斯汀批准了，罗伯特和董事会其他成员也表示同意。在接下来的几个月里，大部分装瓶商都签署了新的合同。

史密斯感到自己被出卖了，他指责奥斯汀中途改变游戏规则。他不再和奥斯汀讲话，这使得原本尴尬的局面变得更加紧张。纠纷的解决本应给可口可乐公司带来宁静，但事实正相反，它像尖锐的噪音引发雪崩一样，引发了一系列反应，对公司产生了永久性的影响。

奥斯汀的病情开始加速恶化，他的判断力也在下降。两年前他将自己的心腹查理·洛德任命为首席财务官，但现在他对洛德感到不满，他告诉罗伯特，他计划在洛德之上再任命一位执行副总裁，负责公司财务。

媒体开始猜测奥斯汀的任期。事实上，奥斯汀心中已经有一个继任者的人选了。20 年前奥斯汀被派往约翰内斯堡工作，在那里他聘请了一位名为伊恩·威尔逊的南非人担任总会计师，两人很快成为朋友。威尔逊雄心勃勃、作风强硬，拥有很强的管理能力。他接管了可口可乐公司在加拿大的业务，使当地分公司的财务状况得到明显改善。后来他被派回公司总部担任执行副总裁，同时接手了远东地区的业务。

威尔逊知道逢迎罗伯特对于自己晋升之路的重要性，而罗伯特似乎也很喜欢威尔逊，他不时地邀请威尔逊到自己家中共进午餐。但罗伯特没有表现出任何想让威尔逊成为公司下一任领导人的迹象来。当奥斯汀提出让威尔逊和另一位高管加入公司董事会时，罗伯特拒绝了。卢克·史密斯仍然是继任者的第一候选人，他很有可能成为可口可乐公司的董事长兼首席执行官。面对重重阻碍，奥斯汀知道要达到他想要的结果需要更多时间，于是他开始考虑无限期地延迟退休。

1979 年 7 月，罗伯特昏迷了一次，后来又染上了肺炎。他住进了埃默里医院，他身边的大部分人都认为他出不了院了。“每个人都以为他要死了。”罗伯特的私人护士伊迪丝·霍尼克特回忆道。

而在梅街，奥斯汀解雇了卢克·史密斯。

史密斯因为和装瓶商的谈判而身心俱疲，于 1979 年 8 月开始为期两周的假期。就在他准备返回公司的时候，他听到了这个消息。在他本应回来工作的那天，奥斯汀发表了一份声明，宣布史密斯因为“个人原因”将提前退休，并立即辞去总裁职位。史密斯孤立无援，只能被迫接受裁定。

罗伯特没有死，他的健康状况有所好转。出院后他回到了艾御威，在那里休养身体。他的身体仍然非常虚弱，但重点是他还活着。

将对手史密斯逐出公司后，奥斯汀开始培养自己的势力。1979 年 11 月，在公司定期举行的董事会会议上，奥斯汀提议任命六位副董事长，六人都直接向他报告，而其中一位将成为他的继任者。罗伯特当时也在场，但因为疾病他的神智还不太清醒。在这种情况下，董事会通过了奥斯汀的提议。

从华尔街到商业媒体再到可口可乐公司内部，人们都在关心事件的进展。六位主要竞争者依次是：基奥、威尔逊、艾尔·基林、克劳斯·哈雷、罗伯托·古兹维塔和艾拉艾克·赫伯特。其中只有基奥在公司外也有知名度，媒体认为基奥是最有可能获胜的人选。少数内部人士认为奥斯汀与威尔逊有私交，将赌注押在了威尔逊身上，而其他竞争者则被认为希望渺茫。

六位竞争者中最不起眼的是古兹维塔，他是个沉默寡言的古巴人，1954 年在哈瓦那以化学工程师的身份加入可口可乐公司。1961 年他来到美国，在技术岗位上一路晋升，最终成为执行副总裁，负责管理公司的法律、行政和科研部门。

《华尔街日报》认为古兹维塔几乎不可能胜出，因为他"没有掌管过公司的任何一款产品"。事实上，古兹维塔没有任何市场营销经验，没有参与过任何广告活动，也没有向装瓶商发表过激励人心的演讲。他没有做过任何与销售有关的工作。

然而值得注意的是，古兹维塔是所有竞争者中唯一一个知道可口可乐秘密配方的人。董事会规定，只允许公司两位最顶尖的化学家接触所谓的"战略信息"，古兹维塔在 1974 年成为其中之一，这使得他有机会接近罗伯特。每次获得晋升，他都会衷心地向罗伯特道谢，他知道是这位老人在支持他。

和公司中其他有野心的人一样，古兹维塔和罗伯特关系密切。他认为罗伯特在许多方面都值得他认真学习。例如，罗伯特给下属布置任务的巧妙方式令他深感佩服。在给下属安排工作时，罗伯特从不设定最后期限，而是询问下属什么时候可以完成。在多数情况下，下属为了在老板面前表现自己的工作积极性，都会“上钩”，自愿用最短的时间完成任务。

当一些高管把拜访罗伯特看作是一项“任务”的时候，古兹维塔却非常期待与罗伯特会面。他每两天去拜访罗伯特一次，与他交谈半小时，倾听他的想法和回忆。

罗伯特在谈话中总是反复说着他最爱的一句格言——“世界属于那些不满的人”，这是他最主要的谈话内容。一些人认罗伯特已经老糊涂了，只有古兹维塔等少数人意识到，罗伯特潜意识里最关心的始终是公司的利益，这一点从未改变。

1980年年初，罗伯特为卢克·史密斯被解雇的事而苦恼，这件事让他想起查尔斯·邓肯下台的经历。公司长期的财务困难，特别是现金储备的持续缩减，始终困扰着他。

在1974年的财务委员会会议上，奥斯汀宣布要修建一座26层高的大楼——可口可乐摩天大楼，以适应公司人员规模的迅速扩大。奥斯汀预计，这座新大楼至少能满足公司未来20年甚至更长时间的工作需求。

当时罗伯特批准了奥斯汀的计划，还开玩笑说20年后的事和自己没什么关系。但现在大楼已经快要建成，罗伯特就要从他熟悉的梅街四楼搬到新的住处了。

乔·琼斯将负责修建大楼的建筑师和设计师召集到一起，反复叮嘱他们要精确地复制罗伯特的办公室、餐厅和会议室，每一个细节都要完全一致，否则罗伯特就会变得困惑不安。奥斯汀的一位下属说，完全复制罗伯特的房间是不可能的，因为大楼形状的变化总是会导致房间的一些细微变化，房间的布局肯定会有所改变。琼斯说，如果遇到这种情况，设计团队必须事先将图纸交给他，以便他帮助罗伯特提前适应新环境，这是一个漫长而艰难的过程。但是设计团队并没有按照琼斯的要求去做。

大楼建成之后，奥斯汀安排他的妻子珍负责装修。一天早上，珍给琼斯打电话询问新会议室家具的问题时，琼斯透露了罗伯特的不满。琼斯警告说，罗伯特从来没有参观过这座新建筑，也没有看过平面图，他只希望保持他过去25年来的生活环境。

1980年3月3日，罗伯特搬进了位于大厦顶层的新房间。这个房间有三层高，拥有带天窗的中庭，墙上挂着艺术品，在办公室可以俯瞰亚特兰大的全景以及周边的森林。但是罗伯特并不在意艺术品和漂亮的景观，他在房间里徘徊，像一个侦探在勘查犯罪现场。他抱怨办公室和餐厅的光线太暗了，厨房太小了而且位置不对，餐厅也太小了，他最喜欢的狗的画像上的灯光应该再亮点儿。

随后，罗伯特走进卫生间，关上门，开始试用他的新马桶。为了方便他使用，新马桶比之前的低了几英寸，这令罗伯特大为恼火。

乔·琼斯详细地记录了罗伯特的所有意见，并立即转告给奥斯汀的妻子和她的设计顾问约翰·查洛。他们回应说会在几天内安装新的照明设备，但由于大楼尺寸的限制，他们无法改变房间的大小。至于调低马桶的高度，是为了适应现代管道技术和联邦卫生条例的要求。查洛说，他会进一步研究这些问题，并找机会和奥斯汀讨论，但是要找到解决办法恐怕很难。

查洛的回答完全是合理的，但这绝不是罗伯特想听到的答案。他拿起电话，打给了古兹维塔。古兹维塔认真听取了伍德拉夫的要求之后，当天上午就派了一位木匠和一位管道工来到罗伯特的房间，将马桶抬高到和旧款相同的高度，终于使罗伯特的情绪恢复平静。有人将古兹维塔的举动比喻为修复罗伯特的“宝座”，并指出古兹维塔由此离接管公司更近了一步，这种说法可以说非常准确。

奥斯汀的病情进一步恶化，他变得非常健忘。在搬去新大楼之后，他甚至比罗伯特更容易迷失方向。

奥斯汀的妻子试图保护他。她开始每天待在公司，在奥斯汀的办公室外工作。新大楼是奥斯汀权力的标志，几乎是他职业生涯的顶点。这是一座以花岗岩为主材料的大楼，顶端刻着可口可乐公司举世闻名的商标，商标被红色的灯照亮，在几英里之外的地方都可以看到。奥斯汀的妻子很有艺术眼光，她将大楼室内设计得与众不同，她派人做了一套四季挂毯挂在大厅，在会议室挂了两幅海景图，在墙上挂满了从一个纽约商人那里买来的俄罗斯、摩洛哥和南美的油画。她在整个室内装修工程中共花费了600万美元，并且使每一个房间都带有她的个人风格。她把这座大楼变成一个标志，当然也意味着，它同时成了被攻击的目标。

由于奥斯汀太太开始以公司所有者的姿态管理这座大楼，

并推出了一系列新规定，甚至有传言称她试图掌管整个公司，这对奥斯汀开始不利。罗伯特的马桶问题刚刚解决，他的司机就被赶走了，而且被告知不能在公司大楼门口停车，这是奥斯汀太太的命令。公司高管查尔斯·亚当斯因为不能忍受奥斯汀太太的干扰而愤怒地辞职了。

一位老员工对公司中沉闷的气氛和消沉的士气感到不安，便以“小人物”的名义写了一封言辞尖锐的信，向奥斯汀反映情况，并寄给罗伯特一份复印件。收到信后，罗伯特亲自下达命令：从即刻起，奥斯汀太太禁止进入公司大楼。

对于罗伯特和奥斯汀的关系而言，压死骆驼的最后一根稻草很快就出现了。奥斯汀提出发行 1 亿美元的债券，用来支付建设大楼所花费的 1 亿 2 千万美元的费用。过去 60 年来，罗伯特一直得意于公司稳定的现金流。但如今这已经是一个过时的概念，而且为了不必要的、对可口可乐公司而言毫无益处的奢侈品去借钱，这是罗伯特无论如何也不能接受的。他对奥斯汀说：“你一定是哪里出了问题。”

1980 年 2 月 14 日，奥斯汀迎来了 65 岁的生日，他作为董事长兼首席执行官的额外的一年任期开始了。罗伯特认为选择继任者的事不能再推迟了，他让奥斯汀从六位副董事长中推荐一位做总裁，这个位置自卢克·史密斯离开后就一直空着。

奥斯汀推荐的是伊恩·威尔逊，这在公司内引发了一场危机。公司里许多人与威尔逊不和，其中有些人是不满于他的疾言厉色，有些人则是担心他上台后奥斯汀仍然会继续控制整个公司。

奥斯汀相信罗伯特会接受他的选择，他和妻子为威尔逊举行了庆祝晚宴，之后威尔逊就离开了亚特兰大，前往远东。威尔逊暗示当地分公司的主管们，他们可以跟随他，走到更高的位置。在威尔逊离开的这段时间里，乔·琼斯等人在努力说服罗伯特另选他人。

就在上一年的冬天，罗伯特曾在艾彻威款待过威尔逊，当时罗伯特热情洋溢地赞扬了他。但是现在，罗伯特从不同的人那里听到了对威尔逊的激烈反对，其中包括赫恩登医生和董事会其他成员。因此，罗伯特对威尔逊的热情消退了，他把奥斯汀叫到办公室，告诉他不能选择威尔逊。

要是奥斯汀的健康状况好一点的话，他可能会和罗伯特对抗，但事实是罗伯特仍然控制着董事会。值得注意的是，奥斯汀在做了 14 年可口可乐公司首席执行官和 10 年董事长之后，还是只能命令董事会中的三四个董事按他的意愿投票，而其余的董事仍由罗伯特控制。

罗伯特在和他的心腹讨论之后，决定让古兹维塔代替威尔逊出任总裁，并指示奥斯汀召开董事会特别会议，正式宣布这一决定。1980 年 5 月 30 日下午，公司董事会成员聚集在新会议室的时候，一些外部董事感到十分困惑，没有人告诉他们继任者之战已经结束了。奥斯汀提议任命古兹维塔为公司总裁，罗伯特表示赞同。会议在几分钟内就结束了，没有争论和异议。会议结束后，古兹维塔走进来与大家握手。

刚刚结束亚洲之旅回到亚特兰大的威尔逊，被这场突如其来的变故弄得一头雾水。他去拜访罗伯特，罗伯特很礼貌地接待了他，但含糊其辞，对于那场反对他的运动只字未提。

《华尔街日报》把古兹维塔的升职概括为“一场令人困惑的管理层洗牌”，这句话准确地反映出在可口可乐公司内部、装瓶商、金融媒体、投资界和公众之中普遍存在的疑惑。

古兹维塔出生于国外，这一点令公司里的一些人不能接受。一位来自阿拉巴马州的装瓶商认为：“可口可乐公司是一家美国公司，用美国人的方式为美国人制造产品。”他写信给罗伯特，要求重新任命基奥为公司总裁。其他人则质疑古兹维塔的市场营销能力。当然，质疑者们都犯了一个严重的错误。可口可乐公司早已不再是一家“美国”公司，公司70%的收入来自海外销售。

当古兹维塔被任命为总裁时，可口可乐的股票价格下降了一半。亚特兰大的股东们焦急地等待着股息的提高以及股票价格的上涨。可口可乐普通股过度集中的问题再次激起了人们的担忧。

古兹维塔告诫记者不要误以为他只是一个单纯的“技术人员”。他说自己的使命是战略性的，包括应对通货膨胀、经济衰退和外汇变动，协调与装瓶商的关系，开发新的、经济效益高的产品线，最重要的是提升公司在股市中的表现。

古兹维塔发现，一些媒体将他说成是罗伯特和奥斯汀相互斗争之后的妥协之选，这令他非常愤怒。他说：“我之所以取得今天的职位，凭借的是自己的实力，而不是依附于别人。我为自己感到骄傲，今后我也将继续做一个独立的人。”不过，他暂时还不能独立地掌管公司。

当罗伯特第一次提出让卢克·史密斯担任董事长时，其他董事认为他是在开玩笑。但不久之后，他们发现罗伯特是认真的。他希望古兹维塔担任总裁兼首席执行官，但董事长应该另有其人。过去罗伯特曾经任命一些退休人员——伯克·尼科尔森、比尔·罗宾逊、李·塔利等人——做名义上的董事长，这些人负责主持董事会会议，但不会对公司事务产生任何实质性影响。现在，罗伯特提议恢复这种做法，因为他可以借此保持财务委员会的影响力，进而继续掌控公司的重大决策。

1980年7月19日，卢克·史密斯死于心脏病突发，享年61岁，这个突如其来的打击让罗伯特灰心丧气，他别无选择，只能默许让古兹维塔兼任董事长。出于礼节，董事会允许奥斯汀将董事长的头衔保留到任期结束，但他的职业生涯是真的结束了。可口可乐公司明确宣布了古兹维塔就职的消息，他成为了公司的新一任领导者。

现在古兹维塔可以独立掌管公司，不受他人控制了。在没有告知罗伯特的情况下，董事会批准古兹维塔加入财务委员会。这一举动令罗伯特不满，他抱怨扩大财务委员会的行为“违背了他的设想”，但是董事会拒绝撤销决定。

与此同时，古兹维塔开始采取行动以巩固他的权威。在新一轮的采访中，古兹维塔开始用更强有力的语气讲话。他说自己“不仅仅是经营可口可乐公司，还要重新定义这家公司”。

第十二章

新可乐时代

1981年2月底，在保罗·奥斯汀卸任的前一个月，古兹维塔已急切地展开了交接工作。他委托几名外部顾问对公司相关情况进行了研究，研究结果印证了他之前的想法。公司的高管层已濒临瘫痪，公司制度及财务政策也已经过时。

古兹维塔开始加紧组建自己的管理团队。一年前，他和唐·基奥曾经约定，如果两人中有一人成了公司领导人，另一人就做他的副手。现在，为了兑现承诺，古兹维塔提出任命基奥为总裁和首席运营官，并得到了董事会的批准。

基奥接受了这个职位。他生性幽默开朗，有演讲的天赋，这从他与装瓶商谈判的表现中可以看出，他也有很强硬的一面，他对营销工作了如指掌，在公司发展战略的问题上很有想法。

几年后基奥说，任命古兹维塔为董事长的决定是“完全正确”的，即使他当时不这么想，即使他对自己位居第二感到委屈，但他仍然庆幸自己与古兹维塔搭班子，因为他们配合默契，这使得他们两人都能从中受益。

在奥斯汀任内，可口可乐公司收购了大量不相关的企业，包括虾场、咖啡厂，以及制造塑料吸管、湿纸巾和地毯清洗剂的工厂，这些企业几乎没有给公司带来任何利润，因此古兹维塔提出卖掉它们。

可口可乐海外分公司有一项政策：为防止因到货延迟而造成可口可乐供应不足，各地分公司都储存了足够使用一年的原材料，包括瓶盖、配料和其他物料。但古兹维塔发现，在过去

20年里从未发生过重大延误，而维持大量库存所耗费的成本已经增加到每天2200万美元。

而在美国国内，公司的装瓶系统已很陈旧。联邦贸易委员会对特许经营权的攻击给装瓶商造成了很大的影响，使他们无法引进现代化设备。直到1980年国会批准了专项立法，使软饮料行业免受反垄断法的约束，该行业重组的方式才最终得以确立。

除此之外，可口可乐公司还面临着许多其他公司的挑战。公司在全球各国开展业务，其范围之广甚至超过了联合国。但令人惊讶的是，公司的海外销售报告经常需要几个星期才能到达亚特兰大，这使得公司难以及时采取行动以应对外汇波动。董事会担心公司越来越依赖海外市场，因此希望古兹维塔集中精力发展国内市场。然而，根据美国的人口统计学家的预测，未来几年软饮料消费量将出现下降趋势，因为“婴儿潮”一代正在变老。

可口可乐公司还面临着一个更为严峻的事实：在过去的15年里，可口可乐的市场份额停滞不前，而百事可乐的市场份额却在不断上升。在超市里，消费者可以自由选择软饮料，在这种情况下，百事可乐比可口可乐更受欢迎；而只有在自动售货机和快餐店等专营渠道中，可口可乐的销量才能超过百事可乐。

1981年3月28日，古兹维塔在就任董事长的四周后，召集了公司50名高管举行会议，希望说服他们对公司进行彻底的变革。他讲述了努力工作、合理冒险的必要性，同时强调要坚守底线。

古兹维塔说："彭伯顿在1886年发明的软饮料不一定是世界上最好的。"而作为一名接受过正规训练的化学工程师，古兹维塔认为以务实的态度对待公司的生产工作、以冷静而客观的眼光看待可口可乐的秘密配方十分必要。因此改进配方或降低成本，他认为"是时候了"。

在担任董事长之前，古兹维塔已经执掌公司的技术部门七年之久。他改进了可口可乐的配方，用更廉价的玉米糖浆代替了可口可乐中一半的蔗糖，此举每年为公司节省的成本超过1亿美元。当罗伯特对此表示怀疑时，古兹维塔团结了约翰·西布利，在西布利的劝说下，罗伯特接受了配方的改变。

就任公司董事长后，古兹维塔迅速掌权，并着力改造原有的管理体系。古兹维塔认为，80岁以上的董事会成员必须退休，这不只是为了避免在华尔街遭遇尴尬，更是因为事实证明，这些人在董事会上投票时并不能理解其中的意义，这使他们无法承担自身行为的法律责任。在为罗伯特和一些其他年事已高的董事安排了最后的三年任期后，古兹维塔在董事会建立了新的章程——董事在71岁生日后将不再连任。

罗伯特在1981年春天退出了财务委员会，此后很少再来办公室。但古兹维塔依然保持着与罗伯特的关系，以赢得他的支持。每隔一天，古兹维塔就会到罗伯特家拜访，并告诉他公司发展的近况。古兹维塔着力破除公司中的旧观念和旧体制，使得公司氛围焕然一新。

1981年初夏，可口可乐公司的首席财务官约翰·柯林斯死于心脏病发作，他的副手——出生于埃及的数学天才萨姆·阿尤布接替了他的工作。阿尤布和古兹维塔一样，认为只要向罗伯特详细解释自己的想法，证明这些想法是有意义的，就能赢得罗伯特的支持。过去奥斯汀和艾森伯格经常在罗伯特面前发生冲突，奥斯汀热衷于冒险，艾森伯格则通过对公司财务的严格把关来制约他，而现在古兹维塔和阿尤布接手了这些工作，他们采取了完全不同的合作方法。

古兹维塔、基奥和阿尤布之间建立了一种和谐的工作关系。阿尤布的工作尤其富有成效。他打破了艾森伯格多年来对外界保持沉默的做法，开诚布公地讨论了公司在财务问题上遇到的挑战，特别是在外汇兑美元汇率下降的情况下，公司在海外市场遇到的困难。他给出的解决方案是建立更高效、更现代化的信息传递系统，使之与他对外汇市场的了解和预测相结合。

古兹维塔的妻子认为罗伯特不可能心甘情愿地交出他的权力，因为罗伯特在过去的半个多世纪里一直控制着公司管理层，也有人怀疑罗伯特只是用退休做掩饰，以便重整旗鼓，重新掌权。

古兹维塔和基奥做了一个相当大胆的决定，像是为了验证关于罗伯特掌权的传言的真实性，他们决定收购一家电影制片厂。他们认为，如果可口可乐公司希望提高在美国本土的收入，就必须向多元化的方向发展。

古兹维塔和基奥决定进军好莱坞，他们的顾问建议将哥伦比亚电影公司作为首选。1981 年 11 月，基奥和哥伦比亚公司的董事长赫伯特·艾伦进行了初步协商。

1982 年 1 月 17 日，双方在亚特兰大进行了历时数小时的激烈谈判，古兹维塔同意以每股 75 美元的价格收购哥伦比亚公司。当时哥伦比亚公司的股票交易价约为每股 40 美元，这意味着可口可乐公司要以高出市场价一倍的价格收购该公司。

收购的消息一经宣布，在华尔街便掀起了轩然大波。一周之内，可口可乐的股价下跌了 5 美元，公司损失了大约 10% 的市值。

在董事会会议上，罗伯特下定决心支持古兹维塔。会议开始后不久，他正式提出收购哥伦比亚电影公司，董事会成员一致同意。

对于古兹维塔来说，这是一个决定性的时刻，标志着他对公司控制的加强。罗伯特已经释放出了明确无误的信号：公司新的管理层可以自由地做出决策，这是罗伯特参加的最后一次董事会会议，也是他处理的最后一件公司事务。

1982 年，哥伦比亚公司发行了两部重要的商业大片，分别是《甘地传》和《窈窕淑男》。可口可乐公司与时代公司旗下的付费有线电视频道“家庭影院”合作成立了一家新工作室——三星影业。该公司成立第一年就获得了 9000 万美元的赢利，这样的成功是华尔街大鳄甚至古兹维塔本人都始料未及的。

与此同时，公司推出的健怡可乐迅速获得了巨大的成功，这是在人们预料之中的。

经过多年的消费者心态调查，公司的研究部门发现消费者想要无糖的可口可乐。除了对市场需求的准确把握，健怡可乐的成功也离不开古兹维塔和他手下的化学家对产品口味的改善，包括百事可乐在内的大多数软饮料生产商都推出了无糖可乐，他们的做法通常是以合成甜味剂代替糖，然后调整配方成分，试图使新产品尽可能地接近原味，但结果总是不尽如人意，新产品往往余味不佳。

在调制健怡可乐的过程中，公司的技术人员一直在调整原配方，直到调制出一种全新的口感，一种“更丝滑”的口感。

在宣传健怡可乐时，公司主打的卖点并不是常见的低卡路里，而是产品的内在品质。公司认识到，现在消费者想要的不仅仅是无糖饮料，而且是好喝的无糖饮料。

到 1983 年底，健怡可乐不仅在无糖饮料市场上居于全国领先地位，在整个软饮料市场中也占据了畅销榜第四名，仅次于可口可乐、百事可乐和七喜。人们普遍认为这是史上最成功的新产品。

而新可口可乐的命运却截然不同。

在“百事挑战”的压力下，可口可乐公司在 1975 年开始酝酿推出新可口可乐的计划。百事可乐声称在许多城市的味觉测试中都战胜了可口可乐，可口可乐公司也迅速在这些城市开展测试，但结果令人大失所望。可口可乐无法证明自身的优势。

事实上，这类测试的结果具有严重的误导性，因为其本质在于排除产品品牌对消费者心理的影响，而在实际的市场销售中，这样的行为是毫无意义的，而对于消费者而言，品牌与味道是无法分离的。百事可乐宣称，它的味道比可口可乐好，但是对于这种说法的准确性，消费者永远无法做出公平的、冷静的判断，因为他们的味觉受到思想、情绪的左右，由产品名称引发的联想总是会影响他们的味觉。

“百事挑战”的结果反映了行业现状的反常。百事可乐的销售情况略有改善，但可口可乐并未因此受到影响。一些消费者放弃了其他品牌的可乐，改喝百事可乐，但可口可乐的销量并没有明显减少。这项挑战的最终结果是把可乐战争变成了两大巨头之间的竞争，而牺牲了规模较小的竞争对手。

但可口可乐公司必须面对一个严峻的事实：几十年来，可口可乐的市场份额已经从“二战”后的60%下降到1983年的不足24%。造成这种局面的主要原因是市场的“分流”：低糖饮料、柑橘汁、不含咖啡因的可乐等各种新饮料的大量出现冲击着软饮料市场，吸引了大批消费者。当然，可口可乐公司也推出了许多此类新产品，并从中获得了不菲的利润。

然而，可口可乐的市场表现不佳不能完全归咎于新产品的分流。所有数据都表明，口感问题才是真正的根源所在。主管可口可乐国内业务的布莱恩·戴森认为，这些年来消费者的口味已经发生了重大改变，与可口可乐相比，他们偏爱百事可乐更甜、更加柔和的味道。

古兹维塔也“彻底失望”了。他说：“我们已经尽了一切努力，但还是不断失去市场份额。”早在1979年，在接管公司之前，古兹维塔就指挥技术部门用秘密配方进行实验，但当时他没有资格改变原有的配方，而四年之后，情况变得大不相同。

古兹维塔正式授权戴森，开展重塑可口可乐的计划。戴森将日常工作分配给塞尔希奥·齐曼，这位墨西哥人是百事可乐的前高管，加入可口可乐公司后迅速成为营销主管。此前他因出色地完成了健怡可乐的市场营销工作而受到高度赞扬，现在他又以满腔热情投入到新的任务之中。

戴森完全适应公司新的、积极的管理风格，他率先推动了许多改革的举措。应基奥的要求，他于1978年从南美洲来到亚特兰大，敦促装瓶商签订修正合同。

齐曼也为可口可乐公司带来了外来的背景——这不是指他在墨西哥的成长经历，而是他在百事可乐的工作经历。他是20世纪70年代末从百事可乐来到可口可乐的几个高管之一，当时可口可乐公司正为“百事挑战”而大伤脑筋，他们无法接受可口可乐在竞争中身处劣势的局面，但齐曼不会为此困扰。同时，他也认为应当以改变口味的方式来解决问题。

研制新可口可乐的工作比高管们想象中更艰难。四年来，技术部门的工作人员一直在改进配方，但到目前为止还未能战胜百事可乐。

与此同时，市场营销人员也遇到了一个棘手的问题——如何宣传新可口可乐。如果像可口可乐公司一直以来宣传的那样，可口可乐是一款完美的产品，那么“改进”的说法似乎显得自相矛盾。公司是否应该秘密地改变配方呢？如果消费者注意到产品的变化怎么办？如果他们没有注意到变化又该怎么办？怎样在市场上同时销售两种可口可乐？商标需要改变吗？

公司进行了数百次调查和测试，试图预测公众对可口可乐味道变化所做的反应。他们了解到许多可口可乐的忠实消费者不希望有任何改变，即使是变得更好。而他们也不能更直接地向消费者询问太多问题，因为眼下他们必须保密。

在古兹维塔等人看来，新可口可乐的突破来自于健怡可乐。在研制出健怡可乐之后，经过一年的不断调整，研究人员创造出了一个新的可口可乐配方，他们相信这个配方能让可口可乐在盲测中击败百事可乐。

新配方诞生之后，公司在各地对不同年龄段的人进行盲测。测试共进行了 19 万次，耗资 400 万美元。结果显示，新可口可乐击败了百事可乐，也超越了现有的可口可乐。

看到盲测结果后，戴森认为应当尽快推出新可口可乐，但这时古兹维塔和基奥犹豫了。首先，他们面临着一系列无法通过测试解决的问题。他们认为配方中的任何变化都必须公之于众，这不仅是公众信任的问题，也是公司的法律义务。但随之而来的问题是，市场上会出现两种可口可乐，是否将两者同时保留，对公司而言是一个棘手的问题。

初看起来，让两种可口可乐同时在市场上销售的想法是合理的，消费者可以自行选择适合他们口味的产品。但是古兹维塔和基奥认为新可乐的销量很快就会超过旧可乐，这将使公司的经典产品陷入尴尬的局面，他们认为原有的产品必须退出市场。

市场调查显示，到1984年年底，可口可乐在含糖可乐市场上的优势地位日渐受到动摇，市场份额比百事可乐只多出不到三个百分点。这些销售数据以及味道测试的结果，促使古兹维塔和基奥最终下定决心，他们召集戴森和市场主管艾克赫·伯特，准备正式推出新可口可乐。

赫伯特和齐曼前往纽约，与麦肯·爱里克森广告公司的高管举行了一次秘密会议，并指派麦肯公司总裁约翰·贝根负责新可口可乐的宣传活动。赫伯特明确表示，如果该项目的任何消息被提前泄露，双方的合作关系将立即终止。

对于古兹维塔而言还有另外一个问题，就是是否该把一切告诉罗伯特。事实上，几年来古兹维塔一直向罗伯特报告可口可乐的市场份额在不断减少，在“百事挑战”中表现不佳。他对罗伯特说：“我们已经尝试了一切方法，但都无济于事，我们可能要对配方做出一点改变。”

当然，古兹维塔没有直截了当地告诉罗伯特，可口可乐神圣的秘密配方正在被抛弃，被一种味道更像百事可乐的版本所取代。这样做是毫无意义的。而且，古兹维塔的行动也不需要经过罗伯特的允许。1984年春天，罗伯特已从董事会退休，终止了他与公司长达61年的正式关系。

退休后，罗伯特被任命为名誉理事，每年接受公司支付的两万美元的“咨询费”。但事实上，他已经不能向其他人提供任何建议。1984 年 12 月 6 日是他的 95 岁生日，他的身体状况明显恶化，大多数拜访他的人都看出他时日无多，至于他是否知道新可口可乐即将推出的消息，他也没有向任何人提起过。

1985 年 2 月 25 日，罗伯特住进了埃默里大学医院，10 天后（3 月 7 日）溘然长逝。

在罗伯特去世时，古兹维塔仍然有机会改变主意，暂停推出新可口可乐的计划。1985 年的愚人节，古兹维塔和基奥听取了戴森和齐曼对新可口可乐项目所做的最终陈述。基奥认为，当前工作最主要的问题是忽视了公众对原版可口可乐消失的反应。新可口可乐或许是世界上最好的可乐，但失去了一个熟悉的老朋友，美国消费者会怎么想？

然而，对古兹维塔而言，对人们的想法做出假设没有任何意义。“你不可能用市场测试的方法来测量人们的情绪。”他解释说。他认为，眼下最现实、最紧迫的问题是，20 年来可口可乐的市场份额在持续缩减，公司必须采取措施以扭转现状。

在产品名称的问题上，公司内部发生了意见分歧。古兹维塔和基奥认为应当保留原有的名称，避免使用“新”这个字眼。但是戴森、齐曼和一些装瓶商认为，必须强调味道的变化，以吸引公众的注意力。最终，后者的意见占了上风。

古兹维塔和基奥计划于 1985 年 4 月 23 日在纽约举行新闻发布会，正式推出新可口可乐，但他们没有预料到百事可乐的反击是如此迅速而激烈。

和百事可乐公司的许多员工一样，公关总监麦肯也听说了可口可乐公司即将推出新配方的传言。他意识到可口可乐公司不是在推出一种新产品，而是把现有的产品从市场上撤出来。他兴奋地对百事可乐的总裁罗杰·恩里科说："他们认输了！我们赢得了这场可乐战争！"麦肯认为百事可乐应当公开宣告胜利。

恩里科仔细考虑后同意了麦肯的建议。在可口可乐公司举办新闻发布会的前一天，他给百事可乐的所有员工和装瓶商写了一封公开信，宣布：在近一个世纪的竞争后，可口可乐终于投降了。他声称新可口可乐的味道"更像百事可乐"，并得意地说"胜利是甜蜜的"。第二天，这封信被整版刊登在全国各大报纸上。

百事可乐的高管不断向记者强调，新可口可乐的味道更像百事可乐。他们大力宣传百事可乐市场份额的上升，并提出了一系列富有攻击性的问题，以使可口可乐公司陷入被动。在各路媒体的采访中，恩里科反复强调可口可乐正在投降。

1985年4月23日上午11时，当古兹维塔和基奥走上纽约林肯中心的舞台时，台下的两百名记者已经做好准备，打算对发布会上的每一句话提出质疑。

古兹维塔宣布可口可乐有了一种新的口味。他描述了新配方的研制过程，并强调在味道测试中，新可口可乐比原有的可口可乐更受到消费者的喜爱。他说公司决定"给世界买一杯新可乐”。

有一位记者问：“两种可口可乐之间有什么区别?”古兹维塔回答：“你为什么不试试看，做出自己的判断呢?”

当另一位记者继续追问新可口可乐的味道时，古兹维塔的回答变得吞吞吐吐，听上去慌乱不安。一些记者开始偷笑。接着，有记者询问新可口可乐是否是对百事挑战的回应。“哦，天哪，不是。”古兹维塔说，“百事挑战？那是什么时候的事?”他的话的可信度受到了质疑。

在双方的激烈争执中，有一个重要的群体被忽视了——那些忠实的可口可乐消费者。盲测结果显示，喜欢新可口可乐的消费者人数比原版可口可乐多出10%，两者比例分别为55%和45%。古兹维塔和基奥因此认为新可口可乐会更吸引消费者，这也是他们在新闻发布会上着力强调的一点。

然而，面对新可口可乐，大部分美国人感到被背叛了。他们讨厌新可口可乐，根本不打算尝试。成千上万的愤怒的民众向可口可乐公司表示抗议，令人惊讶的是其中许多人并不喝可口可乐，他们只是觉得失望，有一种巨大的失落感。媒体也将可口可乐公司高管视为企图丑化国宝的破坏分子。

百事公司的官员充分利用当前的混乱局面，巧妙地策划出一则电视广告。广告中一个十几岁的女孩伤心地注视着一罐可口可乐，问道：“有人能告诉我他们为什么这样做吗？他们曾经说可口可乐是最好的可乐，可是现在可口可乐变了。”然后，她拿起一罐百事可乐喝了一大口，满意地点点头说：“现在我知道为什么了。”

古兹维塔相信，如果人们愿意尝试一下新可口可乐，就会发现它比原版可口可乐更好喝。然而，事实是大部分人并不想尝试新可乐，因为他们对它的存在感到愤怒。有些人把新可乐带到街上，然后倒在排水沟里。1985 年 5 月，公司在 45 个城市举行集会，并发放了 100 万罐新可口可乐，但收到的反馈几乎都是负面的，消费者们普遍要求原版可口可乐回归市场。

1985 年 7 月 11 日，古兹维塔和基奥在亚特兰大的可口可乐大楼礼堂宣布了经典可口可乐的回归，这次他们没有大张旗鼓地宣传。实际上，消息在前一天已经泄露，美国广播公司新闻台的主持人彼得·詹宁斯打断正在播出的肥皂剧，第一时间在电视上报道了这一事件。第二天早上，全国各地的报纸都在头版头条刊登了这则新闻。当天公司接到了 18000 个感谢电话。在古兹维塔的办公室外有一架小飞机在盘旋，飞机上挂着一个横幅，上面写着：“谢谢你，罗伯托。”

然而，公司并没有在一夜之间就从新可口可乐的灾难中恢复过来。

一直以来，古兹维塔和他的同事们都在担心可口可乐的领先地位会被百事可乐夺走。现在可口可乐被分成新可乐和经典可乐，市场的分散使可口可乐被超越的命运似乎无法避免。

1985 年年末，市场调查显示，百事可乐的销量超过了新可口可乐和经典可口可乐。但与此同时，调查数据表明经典可口可乐越来越受到欢迎，其销量持续上升，直到在 1986 年初再次超过百事可乐。

在基奥看来，经典可口可乐的重生带给人们的心理影响是如此强大，以至于改变了人们的口味，唤醒了原可口可乐的吸引力。

即使在反对新可乐的热潮中，公司的股票价格还是上涨了。在1986年初的几个月里，当新可乐的风波平息之后，公司股价升至117.125，创历史新高。1986年5月，古兹维塔开始筹备公司的百年庆典，此时他担任公司首席执行官已近五年。在这五年里，公司股价上涨了两倍，他为此颇感自豪。

在海外市场，美元兑外币的汇率开始走低，增加了海外销售的利润。此外，可口可乐公司通过部分所有权及其他方式，加强了对装瓶商的控制，为公司争取了更多的利润。

在许多国家，公司仍然沿用阿萨·坎德勒的老方法进行营销。1988年秋天，法国波尔多的一群可口可乐销售员身穿红色夹克走上街头，沿途张贴了35000张可口可乐宣传画，并分发了几千杯可口可乐供路人免费品尝。

在其他国家，可口可乐公司也尝试了一些现代化的推销方式。在日本，消费者习惯于从自动售卖机上购买各种各样的商品，因此可口可乐公司在当地安装了数十万台最先进的自动售卖机，平均每平方公里两台，其中有一些还配备了信用卡支付功能。这些举措使可口可乐占据了当地软饮料市场85%的份额。

在“全球化思考，本土化行动”的政策指导下，各国的可口可乐分公司试图在生产和营销策略上充分适应当地的社会和文化环境。

可口可乐公司员工喜欢用统计数字来说明他们的业务规模有多么庞大。截至1994年，公司及其装瓶厂有65万名员工，每天的销售量超过6.85亿瓶。根据公关部门计算，如果把所有可口可乐都放在6.5盎司的瓶子里，共需要2.5万亿个瓶子，这些瓶子首尾相连可以绕地球赤道12000圈。

公司的经济效益同样取得了惊人的提升。随着华尔街对公司管理层的信心重新建立，可口可乐普通股的价格持续上涨，到20世纪90年代初期，公司市值达到560亿美元，是1980年的14倍，在全美国的上市公司中位列第六。

根据罗伯特的遗嘱，他的个人财富被用于成立基金会，该基金会的资产总额高达15亿美元，位列全国第十。乔·琼斯因其在工作中的出色表现而成为伍德拉夫基金会的主席，继续为他的老板效力。伍德拉夫和怀特海家族的慈善机构的捐款累计达到了9亿美元。

乔治亚州的股民共持有可口可乐公司17%的股票，价值近100亿美元。如果有人在1919年以40美元的价格从欧内斯特·伍德拉夫那里买了一支普通股，那么现在他所持有的这支普通股的价格已达到10.2万美元，如果他多年来坚持用股息继续投资、购买更多的股票，他的收益将超过200万美元。即便是后来的投资者也从可口可乐股票中收益颇丰。沃伦·巴菲特从1989年开始购买可口可乐公司的股票，他投入的10亿美元在短短三年内增值到40亿美元。巴菲特预测，到2020年可口可乐将成为美国最有价值的公司。

在经典可口可乐的辉煌成就中，基奥和营销主管艾克·赫伯特开始重新思考公司的广告策略。公司每年在电视广告上投资几亿美元，但成效似乎总是不够显著。基奥认为，公司可以购买一家连锁酒店的专营权，以便在酒店中销售可口可乐，这样一来，每年可口可乐广告覆盖的人群将达到一个大城市的人口规模。对于赫伯特而言，关键是公司品牌的存在感。可口可乐必须成为人们生活的一部分，而不是一个在电视屏幕上一闪而过的名字。从奥斯卡奖到世界杯，可口可乐参与了一系列国内外的重大事件。

可口可乐已经不仅仅是一种软饮料，它上升为一种抽象概念，成为美国的象征。公司在亚特兰大市中心建造了一个名为“可口可乐世界”的景区，包括一座博物馆和一个购物中心，其中既有老式的冷饮柜，也展示了未来先进的自动售货机。该景区每年吸引一百万游客前来参观。

在纽约，可口可乐公司在第五大道开设了一家零售店，销售可口可乐的纪念品。商店开业当天，有3000多人蜂拥而至，参观店内各种商品，从75美分的明信片到6000美元的霓虹灯。一个名为“可口可乐收藏家俱乐部”的组织迅速发展壮大，在全球23个国家拥有6700名会员。

1951年，作家南希·米德福特在她的小说《保佑》中这样写道：“可口可乐的瓶子里好像藏着一个神灵，而这个神灵就是我们伟大的美国人民，我们时刻准备着破瓶而出，用我们宽大的羽翼覆盖全球……”

近半个世纪后，可口可乐仍然拥有这样的力量：虽然它只是一种普通的饮料，但它的价值远远超出商业领域，它触动着人们的记忆和情感，令人心潮澎湃。